Cambridge Plain Texts

MAZZINI

FEDE E AVVENIRE

T0346137

MAZZINI

FEDE E AVVENIRE

CAMBRIDGE

AT THE UNIVERSITY PRESS

1921

CAMBRIDGE UNIVERSITY PRESS
Cambridge, New York, Melbourne, Madrid, Cape Town,
Singapore, São Paulo, Delhi, Mexico City

Cambridge University Press
The Edinburgh Building, Cambridge CB2 8RU, UK

Published in the United States of America by Cambridge University Press, New York

www.cambridge.org
Information on this title: www.cambridge.org/9781107659070

First published 1921
Re-issued 2013

A catalogue record for this publication is available from the British Library

ISBN 978-1-107-65907-0 Paperback

NOTE

Giuseppe Mazzini, the inspired prophet of modern Italy—and not alone of Italy—the creator of her unity, was born, a physician's son, at Genoa in 1808: he died in gloom and disappointment, scarce released from an Italian gaol, at Pisa in 1872. Composed at Bienne in 1835 the following essay exists in two forms —in French (*Foi et Avenir*) and in Italian, *Fede e Avvenire*. The Italian text is here reprinted from the National Edition of Mazzini's writings published at Rome, by the kind permission of the Royal Commission charged with their publication (*Commissione Reale per l' edizione nazionale degli Scritti di Giuseppe Mazzini*). It should be regarded, say the Commissioners, as the most important of the writings composed by Mazzini during the years prior to his exile in England, in which he insists on the religious character to be given to his apostolate.

The reactionary government of Louis Philippe banned *Foi et Avenir* and confiscated all copies at the French frontier. It was not till the year 1850 that, under the second Republic, an edition was published at Paris with a preface written by its author in London.

Composed at a time when the Italian emancipatory movement was at its lowest ebb and when threefold failure—the suppressed Carbonari revolts in 1821, the disastrous issue of the partial, ill-organised risings of 1831 in the centre, the futile incursion of 1833 into Savoy—had engendered despair of the future, Mazzini, an exile in Switzerland, bent his mind to search out causes; to inspire the young with his own quenchless

M.   I spirit; to preach revolution, not merely for political interests, but as a moral, religious duty; to call for self-sacrifice to a cause; for a living faith in a new ideal of associated service to Humanity. He would free men's minds from the sterile, doctrinaire individualism of the great French Revolution with its insistence on Rights rather than Duties, and be the apostle of a constructive unity of belief, the herald of a Holy Alliance of the Peoples in the bond of Brotherhood in order to realise the promise of that Good News which the martyred Jesus announced to mankind. In no other of Mazzini's writings will a more passionate exposition of his lofty idealism and religious fervour be found than in this eloquent manifesto.

Mazzini is one of the masters of modern Italian prose. The fire of his passion for the people's cause, the charm of his poetic imagination, his transparent sincerity of purpose, his absolute faith in·his mission, sweep the reader along, indissolubly associated as they are with a rare command of the Italian tongue in all its vigour and beauty. At his words sprang up martyrs eager to spill their blood for Italy: noble women rent their heart-strings at his call.

T. OKEY.

February 1921.

FEDE E AVVENIRE

I

LA crociata va ordinandosi. La monarchia s'atteggia a battaglia. Tornata alle abitudini dittatoriali di Luigi XIV, essa brandisce l'armi del XVI secolo e s'appresta per ogni dove ai *colpi di Stato.* Di mezzo al grande fremito popolare del 1830, la monarchia si smarrí d'animo per breve tempo e si ritenne perduta. Lo era infatti e la salvammo noi soli. Perdemmo una meravigliosa opportunità. Dimenticammo che l'indomani della vittoria è piú assai pericoloso del giorno che la precede. Ebbri di trionfo e d'orgoglio, noi piantammo spiegate le nostre tende sul terreno che dovevamo attraversare rapidamente e ci diemmo, come fanciulli capricciosi, a trastullarci coll'armi dei vinti. La Diplomazia giaceva pressoché schiacciata sotto le barricate popolari, e noi la raccogliemmo quasi amica nelle nostre file, facemmo nostre l'arti sue e imprendemmo a scimmiottare, protocollizzando senza fine, i padroni sconfitti. Simili agli antichi condottieri, rimandammo liberi e armati i prigionieri della giornata: la monarchia era in mani nostre, prostesa al suolo; e come i cavalieri del medio evo, retrocedemmo, noi repubblicani, due passi, quasi a darle agio di risalire a cavallo. Ed essa si giovò, freddamente calcolatrice, del nostro ardore cavalleresco, e ricominciò il suo lavoro. Lo ricominciò con tale una costanza, con tanta unità di concetto, da farci arrossire delle nostre discordie e della nostra mollezza.

Noi numeravamo i nostri morti: essa tornava a ingrossare tacitamente le file. Noi contendevamo tra noi per sapere se innoltreremmo in nome del 1791 o del 1793, di Robespierre o Babeuf: essa innoltrava: innoltrava lentamente, tacitamente, accarezzando gli uni, minacciando gli altri, scavandosi la via sotterra quand' essa non credeva potersi avventurare alla luce del giorno, evitando gli ostacoli ch' essa non poteva superare di fronte. Invece di contendere al sepolcro un lembo o l' altro della bandiera del passato, essa circondava tutto quanto il passato d' una sembianza di vita e lo rivestiva delle tinte dell' avvenire. Ire, ambizioni, gelosie, tutte cose cedevano per essa a una sola, il Potere. Essa rinegava nel nord la forma per serbar la sostanza e rinunziava alle abitudini del dispotismo per affratellare la monarchia usurpatrice a quella del diritto divino: s' inginocchiava, a mezzogiorno, nel fango e soggiaceva rassegnata agli oltraggi della diplomazia per ottenerne pace ed aiuti. Oggi, l' alleanza è conchiusa; ristabilito l' equilibrio tra i vecchi e i nuovi poteri; e pesano ambi su noi. I nemici del Progresso toccano l' apogèo della forza. Per essi, la corruttela ha conquistato l' anime inaccessibili al terrore, l' oro ha compíto l' opera delle prigioni. Trafficate le coscienze, prostituito il Genio, seminata l' anarchia fra gli intelletti, versate sugli uni croci e pensioni, sugli altri proscrizioni e paure, sedotta coll' inganno la borghesia, cacciato per ogni dove il sospetto, e ordinato a sistema lo spionaggio, la monarchia, orgogliosa della propria forza, ha posto fine ad ogni dissimulazione, ed oggi essa nega audacemente Dio, il Progresso, il Popolo, l' Umanità: tra il birro e il carnefice, essa cancella i nostri diritti al moto e al futuro, i nostri ricordi e le nostre speranze, e sostituendo alle idee la forza brutale, ci grida *prostratevi* come lo gridava ai nostri padri, quando i nostri padri erano *servi*, quando il pensiero era maledetto, l'intelletto muto, muta la coscienza e il silenzio era legge comune.

E noi? che faremo? Vorremo cedere allo sconforto? rinegare per un tempo il nostro grido d'azione, schietto, leale, energico come l'anima nostra? ricominciare la commedia dei quindici anni? mostrarci ammansati? ingannare la monarchia che potevamo e non volemmo vincere? imitare i suoi modi, le sue abitudini, le sue tattiche e guidandola sorridenti, per torte vie, all'orlo del precipizio, smascherarci a un tratto e sospingervela, ferendola a tergo?

Gli uomini che adottano o consigliano, come il solo che avanzi, partito siffatto — che predicano rimedio unico ai nostri mali la pazienza — o ammettono la necessità della lotta ma lasciandone l'iniziativa al Potere — non intendono, a mio parere, la condizione di cose nella quale versiamo. Essi mutano una missione creatrice in una missione di resistenza. Essi falsano il carattere dell'Epoca: tradiscono, inconscii, la causa alla quale cercano di giovare e dimenticano che il lavoro assegnato al decimo nono secolo è lavoro profondamente organico, iniziatore, rinovatore, da non compirsi se non liberamente, spontaneamente, con franca ardita coscienza.

Non basta che si trascini per noi verso l'abisso una monarchia: è necessario apprestarci a chiudere quell'abisso, a chiuderlo per sempre, e innalzarvi sopra un edifizio durevole. Le monarchie possono disfarsi e rifarsi rapidamente. La mano potente di

Napoleone ne stritolò dieci; e nondimeno la Monarchia vive tuttora e salutò d'un sorriso di vittoria la di lui sepoltura. Una monarchia d'otto secoli spariva, nel 1830, sotto tre colpi vibrati dal popolo: e nondimeno, noi siamo oggi i proscritti d'una monarchia risorta dalle rovine. Non giova dimenticarlo.

Quella che chiamarono la *commedia dei quindici anni* fu recitata in Francia mirabilmente. Il gesuitismo accorto, impeccabile degli attori fu tale da meritarsi l'invidia della monarchia. Quali conseguenze ne uscirono?

La *commedia dei quindici anni* uccise la monarchia del ramo primogenito dei Borboni; ma uccise a un tempo la franca austera energia rivoluzionaria che avea collocato la Francia al sommo delle nazioni Europee, e condannando a terrori perenni il Potere, condannò pure a una lunga immoralità la parte innoltrata di Francia. Per essa, l'ipocrisia s'insinuò invaditrice nell'anime, il calcolo sottentrò all'entusiasmo, l'intelletto della difesa alla potenza iniziatrice del Genio, il cervello al cuore; e il maschio vigoroso pensiero nazionale illanguidí sotto una moltitudine di meschini bastardi incompiuti concetti, e l'apostasia entrò nella sfera della vita politica. Quella guerra subdola, sleale, ingannevole stese sull'incivilimento francese uno strato di corruttela le cui conseguenze durano tuttavia: un secondo riuscirebbe fatale davvero. È d'uopo riflettervi. Quando i tempi sono maturi per distaccarsi dal presente e innoltrare verso il futuro, ogni esitanza è funesta: snerva e dissolve. La rapidità dei moti è il segreto delle grandi vittorie. Quando le conseguenze d'un principio sono esaurite e l'edifizio che v'accolse per secoli minaccia

rovina, voi dovete scotere la polvere da' vostri piedi
e affrettarvi altrove. La vita è al di fuori. Dentro, voi
non avete che un' aria fredda, agghiacciata, di sepoltura: lo scetticismo errante fra le rovine; l' egoismo
che tien dietro ad esso; poi l' isolamento e la morte.
Ed oggi, i tempi *sono* maturi. Le conseguenze del
principio *individuale* che signoreggiò sul passato sono
esaurite. Raggiunta la seconda Restaurazione, la monarchia non trova piú in sé virtú creatrice; la sua vita
non è che misero plagio. Mostratemi un solo atto im-
portante, una sola manifestazione di vita europea che
non esca dal principio *sociale*, che non dipenda dal
popolo, re del futuro. Il vecchio mondo non può che
resistere: la forza che gli avanza non è che forza d' inerzia. Le aristocrazie sono oggimai cadaveri scossi
talora da un galvanismo artificiale: la monarchia è il
riflesso, l' ombra d' una vita che fu. Dal 1814 in poi,
l' avvenire ci chiama. Da ventidue anni ormai, i popoli
tendono, vogliosi d' un passo innanzi, l' orecchio a
quel grido. E vorreste rifar la via, retrocedere, ricominciare un lavoro compíto, ricopiare il passato e
perché la monarchia è decrepita, tornare all' infanzia?
   Quali mai sono, mendicando ispirazioni al campo
nemico e seguendone l' orme, le vostre speranze? A
qual fine può mai condurvi la via tortuosa e diplo-
maticamente rivoluzionaria sulla quale or vorreste
trascinare le nostre giovani generazioni? Badate. Le
vie di semplice *opposizione* non guidano che alla monarchia, e le vostre son tali. Esiste, generalmente, una
essenziale relazione tra i mezzi e il fine; e una tattica
costituzionale non può generare che una modificazione costituzionale. L' opposizione dei quindici anni
generava il 1830. Ogni opposizione analoga genererà,

salve circostanze imprevedibili, analoghe conseguenze. Nel 1830, il popolo racchiuse nella Carta i limiti dell' assalto, perché s' era avvezzato a racchiudervi i limiti della difesa: ei sarà lo stesso movendo. Se, nell' antica rivoluzione, il popolo di Francia rispose irritato, mozzando il capo d' un re e innalzando la bandiera repubblicana, alla disfida delle monarchie collegate d' Europa, quella disfida era, non bisogna dimenticarlo, di guerra mortale e non provocata; e i membri della famiglia regale erano gli uni in armi contro la Francia sulla frontiera, gli altri cospiratori ostinati contr' essa in Parigi. Senza cagioni siffatte, la rivoluzione non avrebbe facilmente raggiunto quella condizione di cose: la spinta data dalle domande degli Stati Generali non avrebbe oltrepassato il 1791. Ma oggi, l' Europa monarchica non move piú guerra d' armi alle rivoluzioni che sorgono in un popolo di trenta milioni: offre ad esse una mano traditrice e il bacio di Giuda: non le sfida a battaglia, s' adopera a disonorarle: poi crea intorno ad esse la solitudine, le cinge, come scorpione, d' un cerchio di fuoco; e in quel cerchio esse consumano le proprie forze e, poiché la vita delle rivoluzioni sta nell' espandersi, muoiono.

E nondimeno, ponete che avvenga altrimenti — ponete che il popolo, oltrepassando l' impulso primo, cancelli il principio invece di modificarlo soltanto, muti la rivoluzione monarchica in rivoluzione repubblicana e raggiunga l' intento che avete nel core — avrete conquistato la forma, non le abitudini, i costumi, le idee, le credenze della repubblica. Quel popolo, che non s' è mosso per fede, ma per semplice riazione contro gli abusi della monarchia, ne serberà gli antecedenti, la tradizione, l' educazione: avrete forma repubblicana, e sostanza monarchica: la questione d'ordinamento *politico* cancellerà la vera suprema questione, la questione *morale* e *sociale*.

L'analisi non rigenera i popoli. L'analisi è potente a dissolvere, non a creare. L'analisi è incapace d'oltrepassare la teorica dell'*individuo*; e il trionfo del principio *individuale* non può generare che una rivoluzione di protestantismo e di libertà. Or la Repubblica è ben altra cosa. La Repubblica — come almeno io l'intendo — è l'associazione, della quale la libertà è soltanto un elemento, un antecedente necessario. È l'associazione, è la sintesi, la divina sintesi, la leva del mondo, il solo stromento di rigenerazione che sia dato all'umana famiglia. E l'opposizione non è se non analisi, stromento di pura critica. Essa uccide, non genera. E quando essa ha dichiarato spento un principio, s'asside sul cadavere e vi rimane. Sola la sintesi può respingere il cadavere da sé e movere in cerca di nuova vita. Per questo la rivoluzione del 1789, rivoluzione protestante nell'intimo suo carattere, finì col porre in seggio l'analisi, affermare la fratellanza degli individui e dare ordinamento alla libertà. E per questo la rivoluzione del 1830, rivoluzione tutta d'opposizione, si rivelò fin dai primi giorni incapace a tradurre in atti quel pensiero *sociale* ch'essa intravvedeva da lungi. Non è dato all'opposizione se non porre a nudo la sterilità, il decadimento, l'esaurimento d'un principio. Al di là, **sta** per essa il vuoto. E non s'innalza edificio sul vuoto. Non s'impianta repubblica sopra una dimostrazione *per absurdum*. È indispensabile la prova diretta. Il dogma solo può darci salute.

II

DUE cose sono essenziali al progresso da compiersi:
la manifestazione d' un principio e la sua incarnazione nei fatti. Apostoli d' una credenza che intende
a fondare, noi non possiamo innoltrare se non a bandiera spiegata e affrontando una mortale battaglia tra
la nostra e l' avversa credenza. Aspettate, dicono.
Ma qual cosa? Le circostanze? Or che mai sono le
circostanze se non una particolare disposizione degli
elementi chiamati a generar fatti? E d' onde possono
sorgere se non dal nostro lavoro? — La guerra? Tra
chi? Tra quei che camminano di pieno accordo, che
hanno stretto nuovamente pur ora un patto di fratellanza, che hanno lo stesso fine, gli stessi nemici, le
stesse paure? Contro popoli prostrati e nel fango?
La guerra non sorgerà in Europa se non dall' insurrezione. — I *Colpi di Stato*? Sola una lotta energica,
ostinata, può renderli inevitabili. Or come sostenerla?
Colla cospirazione? I predicatori di pazienza la rifiutano, come rifiutano le sommosse. Colla Stampa? I
Governi la uccidono: avete per ogni dove leggi che
incatenano, censori che tormentano lo scrittore, giu-
dici che condannano e chiudono il pensiero in una
prigione. Potrete superare questi ostacoli? In Francia
forse. Ma ponete un paese privo assolutamente di
Stampa, senza Parlamento o Consigli che discutano,
senza Giornali letterari, senza teatro nazionale, senza
insegnamento popolare, senza libri stranieri. Ponete
che quel paese soffra, soffra tremendamente, nelle sue

moltitudini come nelle classi agiate, di miseria, d' oppressione straniera e domestica, di violazioni continue
del suo principio nazionale, d' assenza d' ogni sviluppo intellettuale e industriale. Che mai farà quel
paese? Da qual parte potrà originare poi esso il lento
progresso a gradi che vagheggiate?

Or quel paese esiste. Quel paese ha nome Italia,
Polonia, Germania da qualche tempo. Quel paese
abbraccia i due terzi quasi d' Europa.

Guardate all' Italia.

In essa non è progresso né via aperta al progresso,
se non quella delle rivoluzioni. La tirannide ha innalzato un muro impenetrabile lungo la sua frontiera.
Un triplice esercito di spie, di doganieri, di birri
vigila notte e giorno a impedire la circolazione del
pensiero. L' insegnamento mutuo è proscritto. Le
università sono schiave o chiuse. Condanne mortali
pendono su chi non solamente stampi segretamente,
ma possieda e legga il libro vietato. E vietata è l' in-
troduzione dei Giornali indipendenti stranieri. L' intelletto more nell' infanzia per difetto d' alimento. I
giovani si fanno apostati nell' egoismo o consumano
ogni vigore in accessi d' una sterile misantropia: errano fra il tipo di Don Giovanni e quello di Timone.
E le anime privilegiate, le anime di fuoco che intrav-
videro per un solo istante il futuro, dolorosamente
combattute da quanto le circonda, s' estinguono senza
intento, senza missione, senza luce che le scorga,
come fiore non adacquato, come la Peri ch' ebbi l' ali
troncate. Chi darà, io lo chiedo nuovamente, il pro-
presso a quel popolo? chi lo darà alla Polonia che
versa in eguali condizioni? chi alla Germania che
verserà tra non molto in esse, quando, abbracciando

il vostro consiglio, i suoi patrioti avranno interrotto il combattere che popola le prigioni, ma desta a poco a poco le moltitudini? Come potremo noi introdurre in quelle contrade il santo pensiero invocato da tutti, ma non definito, se ci arretriamo, per calcolo individuale, davanti al pericolo, se non osiamo difendere coll'armi in pugno, come il contrabbandiere dei Pirenei, il contrabbando dell'intelletto?

L'insurrezione: io non vedo, per quei popoli, altro consiglio possibile: l'insurrezione appena le circostanze concedano: l'insurrezione energica, generale: l'insurrezione delle moltitudini: la guerra santa degli oppressi: la repubblica per creare repubblicani: il popolo in azione per iniziare il progresso. L'insurrezione annunzi terribile i decreti di Dio: sommova e spiani il suolo sul quale deve innalzarsi il suo edificio immortale: inondi, come il Nilo, le contrade ch'essa deve rendere fertili.

Noi qui parliamo per quei sopratutto che giacciono alla base della gerarchia europea — per quei che, mentre altri piú in alto cammina illuminato dal sole e scorge chiaro il fine del lavoro comune, errano fra le tenebre e condannati al silenzio da una doppia tirannide — per le razze incatenate che cercano invano da lunghi secoli la missione assegnata ad esse da Dio — per la Polonia, per l'Ungheria, per l'Italia, per la Spagna, paese di grandi fati che logora oggi le forze tra due sistemi, traduzione ambi d'un falso principio — per la Germania pure, povera e santa Germania, che ridestò tutti noi colla maschia voce di Lutero e per la quale noi non sappiamo trovare in oggi se non una simpatia cosí tiepida da somigliare l'indifferenza. Parliamo per tutti, perché tutti sono

elementi indispensabili alla futura sintesi europea —
perché superiore alla missione speciale, che ciascun
di noi è chiamato a compir sulla terra, vive una missione generale che abbraccia tutta quanta l' Umanità
— e perché non vediamo che l' importanza della uni-
ficazione morale del Partito repubblicano mercé
l' apostolato della parola sia finora intesa come dovrebbe o ch' essa determini la scelta del sistema intorno al quale dovrebbero stringersi concordi tutti gli
sforzi della stampa progressiva europea. Abbiamo
oggi uomini, scrittori repubblicani di merito, che
mantengono, nessuna luce poter guidare i popoli al
meglio se non scendente dall' alto, dagli orli dell' abisso in cui giacciono, dalle mani di quei che vegliano a
mantenerli — altri che si limitano a implorare per
essi, quasi elemosina, una frazione qualunque di
libertà — altri che vorrebbero l' associazione europea
maturasse al sole della monarchia costituzionale, che
respingono quasi dannoso ogni tentativo di rigenerazione per mezzo d' un grande principio religioso, che
protestano come contro dimostrazioni importune e
inefficaci contro ogni moto ardito di popolo, contro
ogni credenza radicalmente organica manifestata dai
difensori dei popoli. Ed io protesto contro la falsa
teoria che, confondendo l' espressione materiale del
progresso col progresso medesimo, raddoppia in certo
modo fatica ai popoli e li condanna a una *iniziazione*
per gradi, parallela alla serie dei patimenti che attra-
versarono.

No; quei popoli rovinarono sino all' inferno nella
loro caduta: balzeranno fino al cielo sorgendo.

I popoli s' iniziano nei patimenti della servitú
all' adorazione della libertà. Sopportarono oltre ogni

espressione: ingigantiranno, levandosi, oltre ogni presumere. I loro dolori furono benedetti. Ogni lagrima insegnò loro una verità. Ogni anno di martirio li preparò a una redenzione assoluta. Bebbero il calice fino all' ultima stilla. Non avanza ad essi che infrangerlo.

Quale è dunque il da farsi?

Predicare, Combattere, Agire*.

Il Partito repubblicano non deve cangiare linguaggio o attitudine. Ogni modificazione introdotta per non so qual tattica nelle sue condizioni di vita lo farebbe scendere dalla sua altezza a una parte meramente politica. Ora, il Partito repubblicano non è partito politico: è partito essenzialmente religioso: ha dogma, fede, martiri, da Spartaco in poi; e deve avere l' inviolabilità del dogma, l' infallibilità della fede, il sagrificio e il grido d' azione dei martiri. L' obblío di questo dovere, l' imitazione della monarchia o dell' aristocrazia, le negazioni sostituite alle credenze positive, lo posero piú volte in fondo. L' *idea*, il pensiero religioso del quale, anche inconsciamente, è manifestazione sulla terra, lo rialzarono gigante, quando tutti lo dicevano per sempre sparito. Noi non dovremmo dimenticarlo. I partiti politici cadono e muoiono; i partiti religiosi non muoiono fuorché dopo la vittoria, quando il loro principio vitale, ottenuto tutto il proprio sviluppo, s' è immedesimato col progresso della civiltà e dei costumi. Allora, ma non prima d' allora, Dio pone nel core del popolo o sotto il cranio d' un individuo potente per Genio e amore un nuovo pensiero piú vasto e fecondo di quello che va spegnendosi: il centro della fede innoltra d' un

* See note, p. 14.

passo, e soli gli uomini che si schierano intorno ad esso costituiscono il partito del futuro.

Il partito repubblicano non deve adunque temer cosa alcuna per l'esito finale della propria missione: nulla dalle sconfitte d'un'ora che non toccano il grosso dell'esercito e concentrano intorno ad esso i combattenti sviati troppo oltre dal fervore della battaglia: nulla da tentativi rinascenti a ogni tanto per sostituire la forza al diritto, la materia allo spirito. Il pericolo è altrove.

Guardando alla sostanza delle cose e senza calcolo dell'ora che fugge e degli uomini dell'oggi, la condizione del Partito repubblicano è, per le recenti persecuzioni, migliore di prima. La legge del 9 settembre che doveva, dicevano, riuscirci fatale, ha dato un colpo mortale alla monarchia rappresentativa. Essa ha troncato l'eterna questione tra la monarchia cittadina e l'opposizione dinastica, e smentito i sistemi che pretendevano conciliare sovranità del popolo e inviolabilità de' suoi mandatari, progresso continuo e immobilità d'un potere ereditario. Per essa, l'impotenza della *dottrina* è dimostrata, l'ecclettismo politico è cancellato, il periodo di transizione, che sfibrava i combattenti con ingannevoli speranze e stolti terrori, è conchiuso. Schiavi o vincitori. *To be or not to be*: la questione è posta or chiaramente fra questi termini: curvare la propria natura e il proprio intelletto, rinegare ogni santa idea, ogni potente concetto, o levarsi ad aperta guerra e richiamarsi dalla giustizia dei re a quella dei popoli, al *giudizio di Dio*. La tregua è rotta per sempre. Popolo e Monarchia son oggi dichiaratamente, irrevocabilmente nemici. Da un lato, la monarchia, i suoi secoli nel passato, la sua autorità tradizionale, i suoi sicari, i suoi esattori, i suoi birri; dall' altro il popolo, i suoi secoli d' avvenire, il suo istinto di cose nuove, la sua immortale giovinezza, i suoi innumerevoli combattenti. L' arena è vuota fra i due. La battaglia può incominciare ogni giorno.

Note

p. 12. Agire, io dico; ma ponendo a norma di condotta questo principio d' azione, non parlo d' azione a ogni patto, d' azione febbrile, disordinata, inconsiderata. Parlo d' Azione come d' un principio, d' un programma, d' una bandiera, come di ciò che deve essere tendenza e fine dichiarato d' ogni nostro lavoro. Il resto è questione di tempo, della quale or non giova occuparsi. Basta a noi che non s' innalzi a teoria permanente la necessità d' un tempo — che non s' illudano i popoli a sostituire una indefinita, incerta forza di cose pacificamente progressiva all' *attività* rivoluzionaria — che non si persista in concedere a un lavoro interrotto e freddamente analitico d' *opposizione* l' immensa potenza rivelatrice della sintesi rivoluzionaria. Noi respingiamo l' inerzia sistematica, il silenzio che cova, la simulazione che tradisce, e invochiamo la franca leale predicazione del nostro dogma. Il nostro è il grido d' Aiace. Vogliamo combattere in pieno giorno, irraggiati dalla luce del cielo. È questa forse impazienza puerile? No; è il complemento delle nostre dottrine, il battesimo della nostra fede. Il principio d' azione che noi scriviamo sulla nostra bandiera è strettamente legato alla nostra credenza in una nuova Epoca. Come iniziarla se non col popolo e coll' azione ch' è la parola del popolo? Senza questo principio d' azione che noi poniamo a norma dei nostri sforzi, noi non avremmo che un moto di pura riazione e quindi un mutamento di cose imperfetto, estrinseco, materiale.

III

Voi v' ingannate, ci dicono. Manca ai popoli la fede. Le moltitudini giacciono intorpidite. L' abitudine delle catene ha tolto ad esse quella del moto. Non avete uomini, avete iloti. Come farete per trascinarli a battaglia, per mantenerli sul campo? Noi li chiamammo all' armi piú volte: gridammo *popolo, libertà, vendetta*; ed essi levarono un istante il capo assonnato e ricaddero nel vecchio torpore. Videro passare la processione funebre dei nostri martiri e non intesero che si seppellivano con essi i loro diritti, la loro vita, la loro salvezza. Seguono l' oro e il terrore li condanna all' inerzia. L' entusiasmo è spento, né v' è facile ridestarlo. Or senza le moltitudini, voi siete incapaci di fare: potete affrontare il martirio, non conquistar la vittoria. Morite, se credete che dal vostro sangue possa sorgere quando che sia una generazione di vendicatori; ma non trascinate nei vostri fati quei che non hanno la vostra forza né le vostre speranze. Il martirio non può farsi fede di tutto un Partito. Non giova logorare in tentativi inefficaci forze che potranno un giorno adoprarsi utilmente. Non v' illudete sull' epoca. Rassegnatevi e aspettate pazienti.

La questione è seria. Essa racchiude in sé l' avvenire del Partito.

La fede manca ai popoli. Ma quali conseguenze dovremo noi desumere da questo fatto? E quali ne sono le cagioni? Affermeremo noi una identità men-

zognera tra la fede e la potenza? Diremo che dove
manca la prima, non esiste capacità? che i popoli sono
oggi impotenti per forza di cose? che non hanno pa-
tito abbastanza? che i tempi sono immaturi? che l'es-
piazione — se pure i popoli hanno colpe da espiare
— non è compíta?

Accettando opinioni siffatte, noi accetteremmo un
sistema di fatalità storica respinto dall'intelletto del
secolo: rinegheremmo, prostrandoci codardamente a
un fatto senza pur tentar di spiegarlo, l'ingenita potenza umana. L'esistenza d'un fatto non prova la
necessità di quel fatto e non può darsi per norma alle
azioni se non da chi, spingendo agli estremi confini
il materialismo, rinunzi allo studio delle cagioni per
soggiacere passivamente. Negherete la facoltà del
moto all'uomo, perch'ei vi sta innanzi immobile?
La condizione attuale non è misura della forza che
risiede nei popoli. Sono i popoli veramente deboli o
manca ad essi soltanto la fede, quella fede che rive-
landosi in atti, pone in moto le forze? Son questi i
veri termini della questione.

Sí; manca la fede ai popoli; non la fede *individuale*,
creatrice dei martiri, ma la fede comune, *sociale*, creatrice della vittoria: la fede che suscita le moltitudini,
quella fede nei propri fati, nella propria missione,
nella missione dell'Epoca che illumina e scote, prega
e combatte, e innoltra senza tema sulle vie di Dio e
dell'Umanità, colla spada del popolo nella destra,
colla religione del popolo in core, coll'avvenire del
popolo nella mente. Ma questa fede, predicata dal
primo sacerdote dell'epoca, Lamennais, e che dovrebbe essere tradotta *nazionalmente* da altri, potrà
venirci dalla forza o dalla coscienza? S'esiliò dall'ani-

me nostre per un senso d' impotenza reale o per
opinioni falsamente concette e pregiudizi capaci d' essere combattuti? Non basterebbe un atto d' energica
volontà per ristabilire l' equilibro fra gli oppressori e
gli oppressi? E se ciò fosse, operiamo noi a crearlo?
Son le nostre tendenze, le nostre manifestazioni del
pensiero che vorremmo promovere, tali da potere
raggiunger l' intento? Siamo noi che il caso sospinse
a capi del moto, o sono le moltitudini che seguono,
colpevoli dell' inerzia attuale?

Considerate l' Italia. Sventura, patimenti, protesta,
sagrificio individuale, hanno, su quella terra, raggiunto l' estremo. Il calice è colmo. L' oppressione è,
come l' aria, per ogni dove; e la ribellione anch' essa.
Tre Stati disgiunti, venti città, due milioni d' uomini
sorgono in una settimana, rovesciano i loro governi,
e si dichiarano emancipati senza che una sola protesta s' innalzi, senza che una sola goccia di sangue
si sparga. I tentativi sottentrano continui l' uno
all' altro. Manca a quei venticinque milioni la forza?
L' Italia in rivoluzione ha forza quanto basta a combattere tre Austrie. Manca l' ispirazione tradizionale,
la religione dei ricordi, il passato? Il popolo si prostra
tuttavia davanti alle sacre reliquie d' una grandezza
che fu. Manca la missione? L' Italia ha dato, essa
sola, due volte la parola dell' Unità all' Europa. Manca
il coraggio? chiedetelo al 1746, al 1799; ai ricordi del
Grande Esercito; ai martiri tre volte santi, che da
quattordici anni in poi muoiono nel silenzio, senza
gloria, per una idea.

Considerate la Svizzera. Può alcuno contendere
a quei figli dell' Alpi valore o senso profondo d' indipendenza. Cinque secoli di lotte, cinque secoli di

raggiri, di discordie religiose e civili non valsero a contaminare di oppressione straniera la loro bandiera del 1308. E nondimeno, la Svizzera, la Svizzera che vinse l' Austria venti volte, il cui grido di guerra basterebbe a sollevare Germania e Italia, e che sa come i re s' arretrino davanti a una guerra europea invocata da tutti, perché tutti sanno che l' ultima sua battaglia sarebbe il Waterloo della monarchia, accetta oggi periodicamente il disonore, curvando il capo davanti alla menoma Nota d' un agente Austriaco.

Ricordatevi del 1813, della gioventú tedesca che abbandonava gli scanni universitari per correre alle battaglie dell' indipendenza, e del fremito che il grido di nazionalità, di libertà, di patria comune, suscitò da un punto all' altro della Germania; e ditemi se a ridestare quel popolo non sarebbe bastato che deputati, elettori, scrittori, quanti influenti preferirono sviarsi nelle ambàgi dell' opposizione costituzionale, si fossero raggruppati intorno alla bandiera d' Hambach.

Ricordatevi di Grochow, di Waver, d' Ostrolenka — e ditemi a quali strette non si sarebbe trovata la Russia, se, invece di mendicare, perdendo un tempo prezioso, alla diplomazia un appoggio per la Polonia che la diplomazia trafigge da un secolo, i combattenti avessero trasportato rapidamente l' azione del principio rivoluzionario verso il suo centro naturale, al di là del Bug — se un vasto concetto d' emancipazione popolare avesse chiamato a sollevarsi le razze delle quali Bogdan Chmielnicki rivelava, nel 1648, il pensiero segreto — se, mentre l' entusiasmo era dittatore e il terrore intorpidiva il nemico e le moltitudini della Lituania, della Galizia, dell' Ucrania fremevano spe-

ranze di libertà, l'insurrezione si fosse affrettata dal
Belvedere alla Lituania.

Io lo scrivo con profondo convincimento: non
esiste forse un solo popolo in Europa che non possa,
colla fede, col sacrificio e colla logica rivoluzionaria,
rompere, di fronte all'Europa monarchica congiurata
a' suoi danni, le proprie catene — non un popolo che
non possa, colla santità d'un pensiero d'avvenire e
d'amore, colla potenza d'una parola scritta sulla sua
bandiera d'insurrezione, iniziare una crociata in
Europa — non un popolo, al quale l'opportunità
per farlo non si sia, dal 1830 in poi, affacciata.

Ma in Italia, in Germania, in Polonia, nella Svizzera, in Francia, per ogni dove, uomini, sventura-
tamente influenti, mutarono natura all'indole primi-
tiva dei moti rivoluzionari — uomini ambiziosi e
cupidi non videro nel levarsi d'un popolo che una
possibilità di guadagno o di dominazione — uomini
deboli, tremanti delle difficoltà dell'impresa, sagri-
ficarono fin dai primi giorni la logica delle insurrezioni alle proprie paure: per ogni dove, false e fu-
neste dottrine sviarono le rivoluzioni dal segno: il
pensiero d'una casta sottentrò al pensiero popolare
dell'emancipazione di tutti per opera di tutti, l'idea
d'un aiuto straniero indebolí o cancellò l'idea nazionale. E in nessun luogo i promotori, i capi, i
governi delle insurrezioni si determinarono a cacciare
sulla bilancia dei fati del paese la somma totale delle
forze che una volontà energicamente ispirata potea
porre in moto; in nessun luogo la coscienza d'un'alta
missione, la fede nel suo compimento, l'intelletto del
secolo e del pensiero che lo domina, dirissero gli atti
degli uomini che s'erano fatti, assumendo la guida

degli eventi, mallevadori del loro successo all' Umanità.

Avevano innanzi una missione gigantesca e pretesero compirla prostrati. Avevano intraveduto il segreto delle generazioni, udito il grido d' intere famiglie d' uomini ansiosi di scuotere la polvere dei loro sepolcri per affacciarsi giovani o ringiovaniti a una nuova vita: erano chiamati a proferire senza timore o reticenza il Verbo del popolo e dei popoli; e balbettarono invece parole incerte di concessioni, di Carta, di patti tra il diritto e la forza, tra il giusto e l' ingiusto. Simili a vecchi decrepiti, chiesero all' arte un elemento di vita fattizia, all' antica politica il concetto della sua esistenza imperfetta e fugace. Frammischiarono vita e morte, libertà e schiavitú, privilegio ed eguaglianza, passato e futuro. Era d' uopo collocare — e fosse anche sui loro cadaveri — la bandiera dell' insurrezione in alto di tanto che tutti i popoli potessero leggervi una promessa di vittoria; ed essi la trascinarono nel fango regio, la velarono di protocolli, la confissero inerte, quasi insegna di prostituzione, sulle porte di tutte le Cancellerie straniere: credevano nelle promesse d' ogni ministro, nelle speranze date da ogni Ambasciata, in ogni cosa, fuorché nel popolo e nella sua onnipotenza. Vedemmo capi di rivoluzioni immergersi nell' esame dei trattati del 1815 per rinvenirvi la Carta della libertà polacca o dell' italiana: altri, piú colpevoli, rinegare l' Umanità e affermar l' egoismo scrivendo sulla loro bandiera un principio di *non-intervento* degno dell' Evo medio: altri, anche piú colpevoli, rinegare i fratelli e la madre Patria, rompere l' unità nazionale nel momento stesso che dovea iniziarne il trionfo e proferire, mentre lo

straniero innoltrava verso le loro città, l' empia parola: *Bolognesi, la causa dei Modenesi non è la nostra.*
Dimenticavano tutti, nella loro foga di dare, come dicevano, *legalità* alle rivoluzioni, che ogni insurrezione attinge legalità dallo scopo, legittimità dalla vittoria, mezzi di difesa dall' assalire, pegni di buon esito dall' estendersi: dimenticavano che la Carta di libertà d' una Nazione è un articolo della Carta dell' Umanità, ma che meritano vincere quei soli che sono capaci di vincere o di morire per tutti.

E allora — vedendo gli iniziatori delle rivoluzioni impallidire davanti all' impresa, retrocedere davanti alla necessità dell' azione o movere incerti, tremanti, senza intento determinato, senza programma, senza speranza fuorché in un soccorso straniero, anche i popoli esitarono impauriti, o meglio intesero che l' ora non era sorta e ristettero. Di fronte a rivoluzioni tradite nel loro principio, le moltitudini s' astennero, l' entusiasmo nascente si spense, la *fede* sparí.

IV

La *fede* sparí; ma che facemmo noi, che facciamo in oggi per farla risorgere? Vergogna e dolore! Da quando quella santa luce dei popoli si dileguò, noi andiamo erranti fra le tenebre senza vincolo, senza disegno, senza unità di direzione; o stringiamo conserte le braccia sul petto, com' uomini senza speranza. Taluni mandarono un lungo grido d' angoscia e rinunziarono ad ogni progresso terrestre per mormorare un canto di rassegnazione, una preghiera di morente; o si fecero ribelli alla speranza, e ridendo d' un riso amaro, dichiararono giunto il regno delle tenebre: accettarono come inevitabili, irrevocabili, lo scetticismo, l' ironia, l' incredulità; e l' eco delle loro bestemmie si tradusse, nell' anime guaste, in corruttela, nell' anime vergini in suicidio di disperazione. Tra questi estremi si libra oggi la nostra Letteratura. Altri, ricordando a un tratto la luce che illuminava la loro infanzia, si trascinarono addietro verso il sacrario dond' essa esciva e s' affaticarono a ravvivarla; o riconcentrati in una contemplazione subbiettiva, cominciarono a viver nell' *io* e dimenticando o negando il mondo fenomenale, si tennero immobili nello studio dell' *individuo*. Ed è questa la nostra filosofia. Altri finalmente, nati a combattere, spronati da un ardore di sagrificio che, saviamente diretto, avrebbe creato miracoli, e signoreggiati da istinti sublimi ma imperfetti e mal definiti, strapparono una bandiera alla sepoltura dei loro padri e si scagliarono innanzi; ma sui primi passi si divisero, e ciascun d' essi lacerando un lembo di quella bandiera, pretese convertirlo in bandiera di tutto l'esercito. Ed è la storia della nostra vita politica.

Perdoni il lettore la nostra insistenza su queste lagnanze. Esse sono il nostro *delenda Carthago*. La mia non è opera di scrittore; è missione severa e franca d'apostolato. E questa missione non consente diplomazia. Io cerco il segreto di un indugio nelle nostre mosse che mi sembra derivato da cagioni estranee alle forze nemiche: cerco il modo di porre la questione in termini che concedano di riconquistare rapidamente una *iniziativa* perduta. E m'è forza tacere o dir tutta quanta la verità.

Or mi sembra che l'indugio abbia due principali cagioni, ambe dipendenti da una deviazione del Partito dal segno, ambe tendenti a sostituire il culto del passato a quello dell'avvenire.

La prima ci ha trascinati a scorgere un programma in ciò che non era se non una conchiusione, un riassunto potente, una formola esprimente il lavoro di un'Epoca intera e le sue conquiste — a confondere due epoche e due sintesi distinte — a rimpicciolire una missione di rinovamento sociale nelle anguste proporzioni d'un lavoro di sviluppo e di deduzione — ad abbandonare il principio pel suo simbolo, il Dio per l'idolo — a rendere immobile l'*iniziativa*, croce di fuoco che la mano di Dio trasmette da un popolo all'altro — e a imbastardire e soffocare la nazionalità dei popoli ch'è la loro vita, la loro missione, la loro forza per compirla, la parte che Dio assegnava ad essi nel lavoro comune, nello svolgimento del pensiero uno e molteplice, anima della nostra vita quaggiú*.

* See note, p. 24.

La seconda ci ha condotti a confondere il principio con una delle sue manifestazioni, l' elemento eterno d' ogni ordinamento sociale con uno de' suoi svolgimenti successivi, e credere compíta una missione che non faceva se non ampliarsi e quindi mutar di caratteri. Noi rompemmo, in virtú di quell' errore, l' unità del concetto quando appunto essa richiedeva un piú vasto sviluppo: travisammo l' ufficio del XVIII secolo: ponemmo come punto di mossa al XIX una negazione; e abbandonammo il pensiero religioso quando era piú che mai necessario ravvivarlo ed estenderlo tanto da abbracciare con esso l' insieme delle cose destinate a trasformarsi e collegare in un alto concetto sociale quanto giace in oggi indipendente e diviso.

Note

p. 23. Io accennai le mie idee sulla Rivoluzione Francese, considerata com' ultima parola dell' Epoca spirante anziché come prima di quella alla quale il XIX secolo è iniziatore, nell' articolo *sull' iniziativa rivoluzionaria* inserito, nel 1835 nella *Rivista Repubblicana*; e ritoccherò quando che sia l' argomento. Forse mi verrà fatto allora di provare che s' io, sottoponendo a nuovo esame il passato, cerco nell' evoluzione storica dei termini del progresso i dati d' un nuovo fine sociale d' una sintesi europea che trasporti l' *iniziativa* dal seno d' un *solo* popolo al di sopra di *tutti* e comunichi a tutti l' attività ch' oggi manca, non è perch' io segua *nelle nuvole la metafisica tedesca*, ma perch' io vorrei si traducesse in fatti il pensiero, perché vorrei si rompesse il cerchio fatale nel quale sta racchiusa la nostra azione e si movesse a una decisiva battaglia tra i due principii che si contendono l' Europa.

Dobbiamo noi, mi fu detto nel preambolo che, nella Rivista, precede l' articolo, *dimenticare i fatti per improvvisare, col desiderio, una forza rivoluzionaria ov' essa non e? Possiamo noi cancellare il passato? Possiamo non porre a calcolo le rivoluzioni di Bologna e di Modena?*

Teoricamente, il punto nel quale ci colloca la nostra credenza religiosa e filosofica, esclude ogni argomentazione desunta da quei fatti. Noi siamo vicini a una di quelle ore palingenesiche che introducendo un nuovo termine nella grande sintesi terrestre, generano nuove forze e collocano altrove il punto d'appoggio di tutte questioni. Noi salutiamo l'alba d'un'Epoca; e la rivoluzione presentita abbraccerà gran parte dell'Umanità. Ora, ogni nuovo intento chiama in azione nuovi elementi nei popoli. Ma lasciando da banda la questione principale, perché gli annotatori dimenticano che in Italia il *popolo*, sola forza vera rivoluzionaria, non scese mai sull'arena? che l'insurrezione non oltrepassò mai il cerchio d'una casta, militare o borghese? che le moltitudini non furono mai chiamate a partecipar nell'impresa? Perché dimenticano che l'insurrezione non assunse mai carattere dichiaratamente *italiano*? Perché desumere a danno d'una insurrezione *repubblicana*, come quella alla quale noi lavoriamo, argomenti dai moti *monarchici* del 1821? Come può calcolarsi anzi tratto l'azione possibile d'un principio studiando le conseguenze d'un principio contrario? Tra noi, repubblicani della *Giovine Italia* e quei che oprarono innanzi a noi, tra quei che vorrebbero sommovere le moltitudini al grido di *Dio e il Popolo* e gli uomini illogici e timidi che dimenticavano Dio e tremavano del popolo, corre una immensa diversità.

I moti di Modena e di Bologna rovinarono perché la Francia non li sostenne. È vero. Come non rovinerebbe una insurrezione tradita dal principio stesso sul quale essa fondava la propria vita? Or quel principio, sul quale i governi delle insurrezioni italiane s'erano esclusivamente appoggiati, era il *non-intervento*. E la cieca fede nel *non-intervento* li trattenne da operare come bisognava a salvarsi. Furono respinte le moltitudini; fu sconfortata la gioventú, sconosciuta ogni potenza d'iniziativa, negletto l'armarsi, rinegato il pensiero nazionale, ristretto il cerchio dell'insurrezione per entro i limiti d'una provincia. Son queste per avventura cagioni *permanenti* di debolezza? E d'allora in poi, quanti Italiani non hanno pervertito il loro sentimento di patria nei convegni del *giusto-mezzo* parigino, diranno a chi vorrà interrogarli, che se i nostri sforzi sono tuttavia sterili, se anch'oggi noi contiamo numerosi martiri e non combattenti, lo dobbiamo piú ch'altro all'opinione che solamente alla Francia spetta l'iniziativa della lotta europea, e che ov'essa rimanga inerte, nessuno deve attentarsi di movere. Urge dunque il combattere opinione siffatta predicata tra noi da quei medesimi, che ricchi d'influenza e di mezzi, dovrebbero primi operare. È opinione che distrugge coscienza e avvenire dei popoli, e i repubblicani francesi dovrebbero affratellarsi con noi a combatterla. Il mio non è dunque rimprovero alla Francia; ma un invito a introdurre nella stampa repubblicana nuove tendenze e nuovo linguaggio corrispondenti alla nuova missione. Il rimprovero è meritato dagli uomini che, in seno ai popoli oppressi, crescono con una pretesa credenza, indizio di piú che tiepide convinzioni, difficoltà al lavoro emancipatore — per gli uomini che pur vantandosi apostoli d'una sintesi umanitaria, s'avviano di conseguenza in conseguenza, colla teoria d'un unico rivelatore e colla negazione del progresso continuo, alla negazione del dogma dell'intelletto e della sovranità del popolo per evocare non so quale rinovamento del Papato — per gli uomini che dichiarano *non essere possibile Umanità, se non quando la Francia sarà salutata regina dell' universo* (V. *Histoire parlementaire de la Révol. Française — Christ et Peuple, par A. Siguier*). E non è questo pensiero isolato d'uno o d'altro individuo, ma d'una Scuola. Or noi protestiamo contro le dottrine di quella Scuola, contro il suo egoismo nazionale, contro le sue tendenze conquistatrici. Fratelli a quanti intendono l'*associazione* fra eguali e liberi, sentiamo un affetto speciale pel popolo che combatte da cinquanta anni a prò dell'emancipazione delle nazioni e ha tradotto nella sfera politica i grandi risultati dell'epoca cristiana.

V

Il XVIII secolo, troppo generalmente guardato come secolo di scetticismo e di negazione, devoto soltanto a un' opera critica, ebbe la propria fede, la propria missione e concetti pratici atti a compirla. La sua fu fede titanica, senza limiti, nella potenza, nella libertà umana. Definire, mi si conceda l' espressione, l' *attivo* della prima epoca del mondo Europeo: compendiare, ridurre a formola concreta, ciò che i diciotto secoli del Cristianesimo avevano esaminato, svolto e conquistato: costituire l' *individuo* com' era chiamato ad essere, libero, attivo, sacro, inviolabile: fu quella la sua missione. E la compí colla rivoluzione Francese, traduzione politica della rivoluzione protestante*, manifestazione altamente religiosa, comunque pensino gli scrittori superficiali ai quali i traviamenti d' alcuni individui, attori secondari nel dramma, somministrarono norme di giudizio intorno a tutto il periodo. Lo stromento adoprato da esso per operare la rivoluzione e raggiungere il *fine* della missione, fu il *diritto*. In una teoria del diritto fu la sua forza, il suo mandato, la legittimità de' suoi atti: in una Dichiarazione di Diritti la sua formola suprema. Che altro infatti è l' *uomo*, l' individuo, se non il diritto? Non rappresenta egli, nella serie dei termini del progresso, la *persona* umana e l' elemento dell' emancipazione individuale? E il fine del secolo XVIII era appunto compire l' evoluzione *umana* presentita

* See note, p. 31.

dall' antichità, annunziata dal cristianesimo, raggiunta in parte dal protestantismo. Tra il secolo e quel
fine stava una moltitudine d' ostacoli: inceppamenti
d' ogni sorta alla libera spontaneità, al libero sviluppo
delle facoltà individuali: vieti, regolamenti e precetti
che limitavano l' attività umana: tradizione d' una
attività incadaverita: aristocrazie che sembravano facoltà e forze; forme religiose che vietavano il moto.
Bisognava rovesciarli tutti e il secolo li rovesciò.
Sostenne una battaglia terrible e vittoriosa contro
quanto scindeva in frazioni sconnesse l' umana potenza, contro quanto negava il moto, contro quanto
arrestava il volo dell' intelletto. È necessario a ogni
grande pensiero rivoluzionario un concetto che gli sia
leva, un centro d' azione, un punto d' appoggio determinato. Il secolo trovò il suo collocandosi nel centro del proprio *soggetto*; e fu l' *io*, la coscienza umana,
l' *ego sum* di Cristo alla potestà de' suoi giorni. In
quel centro, la Rivoluzione, conscia delle proprie forze
e sovrana per diritto di conquista, sdegnò di provare
al mondo le proprie origini, il proprio vincolo col
passato. Affermò. Gridò, come Fichte: *libertà: senza
eguaglianza non esiste libertà: tutti gli uomini sono
eguali*; poi si diede a negare. Negò l' inerte passato:
negò il feudalismo, l' aristocrazia, la monarchia. Negò
il dogma cattolico*, dogma d' assoluta passività che
avvelenava le sorgenti della libertà e impiantava il dispotismo al sommo dell' edifizio. Furono rovine senza
fine. Ma di mezzo a quelle rovine, fra tutte quelle
negazioni, una immensa affermazione sorgeva: la
creatura di Dio, presta a *operare*, raggiante di potenza
e di volontà: — l' *ecce homo*, ripetuto dopo diciotto

* See note, p. 31.

secoli di patimenti e di lotte, non dalla voce del martire, ma sull' altare innalzato dalla rivoluzione alla vittoria: — il Diritto, fede *individuale*, radicata per sempre nel mondo.

È questo quanto cerchiamo? Dovrà l' uomo, in cui vive attività progressiva, rimanersi giacente, a guisa di schiavo emancipato, pago della propria solitaria libertà? Non gli rimane, per compire la propria missione sulla terra, se non un lavoro di deduzioni, di conseguenze da tradursi nella sfera dei fatti, di conquiste da tutelarsi con un ordinamento difensivo?

Perché l' *incognita* umana è oggimai calcolata — perché uno fra i termini del progresso, quello che costituisce l' *individuo*, s' è collocato fra le quantità cognite e definite — è chiusa la serie dei termini che compongono la grande equazione? È spenta la facoltà di progresso? Non esiste più moto per noi se non circolare?

Perché l' uomo, consacrato dal pensiero re della terra, ha infranto una forma religiosa invecchiata che imprigionava la di lui attività e gli contendeva l' indipendenza, non avremo noi più nuovo vincolo di fratellanza comune? non religione? non concetto di legge generale e provvidenziale riconosciuta e accettata?

No, Dio eterno! La tua parola non è compíta; il tuo pensiero, pensiero del mondo, non s' è tutto svelato. Esso crea tuttavia e creerà per lunghi secoli inaccessibili al calcolo umano. Quei che trascorsero non ne rivelarono a noi che alcuni frammenti. La nostra missione non è conchiusa. Noi ne sappiamo appena l' origine; ne ignoriamo l' ultimo *fine*: il tempo e le nostre scoperte non fanno che ampliarne i confini. Essa sale di secolo in secolo verso fati che ci sono ignoti:

cerca la propria legge della quale noi possediamo soltanto le prime linee. D' iniziazione in iniziazione, attraverso la serie delle tue incarnazioni successive, essa purifica ed amplia la formola del Sagrificio: studia la propria via: impara la tua fede, eternamente progressiva. Le forme si modificano e si dissolvono. Le religioni s' estinguono. Lo spirito umano le abbandona, come il viaggiatore abbandona i fuochi che lo scaldarono nella notte, e cerca altri Soli. Ma la Religione rimane: il pensiero è immortale, sopravvive alle forme e rinasce dalle proprie ceneri. L' idea si svolve dal simbolo attenuata; s' emancipa dall' involucro ond' era ricinta e che l' analisi consunse; e raggia pura e brillante, stella aggiunta all' altre nel cielo dell' Umanità. Quante dovrà la fede aggiungerne ancora, perché s' illumini tutta quanta la via del futuro? Chi può dirci quante stelle, pensieri secolari liberi da ogni nube, dovranno salendo collocarsi nel cielo dell' Intelletto, perché l' uomo, fatto compendio vivente del Verbo terrestre possa dire a se stesso: *io ho fede in me: i miei fati sono compíti?*

È questa la Legge. A un lavoro sottentra un altro lavoro: a una sintesi un' altra sintesi. E l' ultima per noi presiede al lavoro e ne intíma il metodo, l' ordinamento. Essa comprende tutti i termini conquistati dalle sintesi anteriori, piú il nuovo che diventa *fine* a tutti gli sforzi, *incognita* da ridursi a *cognita*. L' Analisi anch' essa vi s' affaccenda, ma chiedendo alla sintesi dell' Epoca il programma e punto di mossa. L' Analisi infatti non vive di vita propria: la sua esistenza è puramente obbiettiva, e trae d' altrove intento, missione e norme. Parte d' ogni Epoca, essa non è bandiera d' alcuna. Chi divise le Epoche in organiche e critiche falsava la Storia. Ogni Epoca è essenzialmente sintetica: ogni epoca è organica. L' evoluzione progressiva del pensiero che il nostro mondo manifesta visibilmente, ha luogo per espansione continua. La catena non può interrompersi. I diversi *fini* si collegano l' uno all' altro. La culla s' inanella alla tomba.

Notes

p. 27. È un errore il desumere dal caso d' una protesta contro la dieta di Spira origine del nome *protestantismo*, il modo di considerare il lavoro d' emancipazione morale compíto dalla Riforma. Il protestantismo non fu, come affermano i neo-cristiani, una negazione, un lavoro critico per riguardo all' epoca: fu un prodotto positivo cristiano, una solenne manifestazione dell' *individuo*, intento del Cristianesimo. *Protestò*, non v' ha dubbio; ma soltanto contro il Papato che *volendo* ciò che non *poteva*, e tentando fondare con uno stromento *individuale* una unità *sociale*, doveva inevitabilmente degenerare in tirannide, e collocarsi al di fuori della sintesi cristiana che diceva all' uomo: *sii libero*, prima ch' essa avesse ottenuto un compiuto sviluppo. Non è dunque protesta *contro* la sintesi dell' epoca sua; ma in *favore* di quella sintesi che il papato, impotente a convertire in realtà un istinto sublime del futuro, annientava invece di svilupparla.

p. 28. Nessuno può ragionevolmente accusarci di sconoscere lo spirito cattolico che presiede ai fati del moderno incivilimento. Tutti sanno il significato generalmente attribuito alla parola *cattolicismo*. Se *cattolico* non valesse che *universale*, ricorderemmo che ogni religione tende di sua natura a farsi *cattolica* e segnatamente la sintesi che scrive *Umanità* a capo delle sue formole.

VI

PER tal modo, appena la Rivoluzione francese con-
chiuse un' Epoca, i primi raggi d' un' altra si mostra-
rono sull' orizzonte: appena l' *individuo* umano ebbe
dichiarato, colla Carta dei *diritti*, il proprio trionfo,
l' intelletto presentí un' altra Carta, quella dei *principii*: appena fu svincolata l' *incognita* del cosí detto
Medio Evo e raggiunto il grande intento della sintesi
cristiana*, un' altra *incognita* s' affacciò alla generazione attuale, un altro *fine* fu proposto alle sue fatiche.
Da ogni lato sorse l' inchiesta: a qual fine la libertà?
A quale l' eguaglianza che non è, in ultima analisi, se
non la libertà di tutti? L' uomo libero non è che una
forza attiva presta a operare. In qual guisa dovrà
essa operare? a capriccio? in ogni direzione che ad
essa s' affacci? Non è quella la *vita*; bensí, una semplice successione d' atti, di fenomeni, d' emissioni di
vitalità, senza vincolo, relazione o continuità; e ha
nome anarchia. La libertà dell' uno cozzerà inevitabilmente colla libertà dell' altro: avremo urto e ri-
urto continuo tra gli individui; quindi elisione di
forze e spreco inutile della facoltà produttrice ch' è
in noi e dovrebb' esserci sacra. La libertà di tutti,
senza legge comune che la diriga, conduce a guerra
di tutti, tanto piú inesorabilmente crudele quanto piú
gli individui combattenti sono virtualmente eguali.
E gli uomini stimarono d' avere trovato il rimedio,
quando dissotterrarono dappiè di quella croce di

* See note, p. 36.

Cristo, che domina su tutta un' Epoca della storia del
mondo, la formola di *fratellanza* che l' uomo-divino
avea lasciata, morendo, al genere umano: sublime
formola ignota al mondo pagano e per la quale il
mondo cristiano aveva, spesso inconscio, combattuto
molte sante battaglie, dalle Crociate fino a Lepanto.
Fu scritta su tutte le bandiere, e formò, insieme agli
altri due termini conquistati, il programma dell' avvenire. Pretesero chiudere il progresso dentro il cerchio segnato da quei tre punti. Ma il progresso lo
ruppe. L' eterno *a qual pro*' ricomparve? Chiediamo
infatti noi tutti un *fine*, un fine *umano*: che altro è mai
l' esistenza se non un *fine* coi mezzi atti a raggiungerlo?
E la *fratellanza* non racchiude un fine terrestre, generale, sociale: non ne racchiude né anche la necessità:
non ha relazione essenziale, inevitabile, colla costitu-
zione d' un intento che stringa in armonia tutte le
facoltà e tutte le forze. La *fratellanza* è, non v' ha
dubbio, la base d' ogni società, la condizione prima
del progresso sociale, non il progresso. Essa lo rende
possibile, gli somministra un elemento indispensabile,
non lo definisce. Non esiste contradizione tra essa e
il moto circolare. E la mente cominciò a intendere
queste cose; cominciò a intendere che la *fratellanza*,
legame necessario fra i due termini, *libertà*, *eguaglianza*, che compendiano la sintesi *individuale*, non ne
oltrepassa i limiti, che la sua azione può esercitarsi
soltanto da individuo a individuo, che prende facilmente nome di *carità*, che può costituire il punto
d' onde l' Umanità move per raggiungere la sintesi
sociale, non sostituirsi ad essa. Le ricerche allora
proseguirono. Intravedemmo che il *fine*, funzione
dell' esistenza, doveva anche essere l' ultimo termine

della progressione di sviluppo che costituisce l' esistenza medesima; che quindi, per avviarsi dirittamente e rapidamente al *fine*, è necessario conoscere con esattezza la natura di quella progressione e porre le azioni in armonia con essa. *Conoscere la Legge e attemperarvi le opere*: è questo infatti il vero modo di porre il problema. Or la legge dell' *individuo* non può chiedersi che alla *specie*. La missione individuale non può accertarsi e definirsi che dall' altezza signoreggiante l' insieme. Per ottenere quindi la legge dell' individuo è mestieri risalire. Soltanto da un concetto dell' *Umanità* può desumersi il segreto, la norma, la legge di vita dell' *uomo*. E quindi la necessità della cooperazione generale, dell' armonia nei lavori, dell' *associazione* in una parola, per compire l' opera di tutti*. Quindi pure un mutamento assoluto nell' ordinamento del Partito rivoluzionario, delle teorie governative, degli studi filosofici, politici, economici, soggiacenti tutti sino ad oggi all' ispirazione del solo principio di libertà. L' orizzonte è mutato. La sacra parola *Umanità* proferita con un nuovo significato ha schiuso all' occhio del Genio un mondo che non era se non presentito, e ha dato cominciamento ad un' Epoca.

È necessario un libro a provarlo? O bisognano lunghi sviluppi a mostrare che tale è veramente il moto attuale degli intelletti e che il secolo lavora in cerca della propria sintesi? Non vediamo noi, da vent' anni incirca, tutte le scuole filosofiche ad affaticarsi, quand' anche traviano nel passato, in cerca d' una grande *incognita*? Non lo confessano quasi a forza quei medesimi ai quali più gioverebbe sviarne

* See note, p. 37.

le menti? Abbiamo in oggi un Cattolicismo che tenta
conciliare Gregorio VII e Lutero, il Papato e l' anima
umana libera e indipendente. Abbiamo un partito re-
trogrado e ipocrita che tentenna incerto fra le teoriche governative e non so quale mistico gesuitismo
balbettante, profanandolo, il nome di partito *sociale*.
E udiamo ogni giorno la parola *Umanità* suonare su
labbra di materialisti che non possono intenderne il
valore e tradiscono a ogni tanto le loro naturali tendenze all' *individualismo* dell' Impero. Come credenza
o come omaggio forzato, l' Epoca nuova ottiene il suo
dritto su quasi tutti gli intelletti. Alcuni fra i piú
fervidi apostoli del progresso lamentavano, non ha
molto, che gli uomini del campo nemico usurpassero
a guisa di pirati parole nostre senza pure intenderne
il significato; ed era lagnanza puerile. Appunto in
accordo siffatto, istintivo e forzato com' è, noi sco-
priamo un potente indizio del Verbo dell' Epoca
nostra, l' Umanità.

Ora, ogni Epoca ha fede propria. Ogni sintesi racchiude la nozione d' un *fine* e d' una missione. Ed
ogni missione ha stromento proprio, forze proprie e
una propria leva d' azione. Colui, che vorrebbe, collo
stromento d' azione d' una data Epoca, convertire in
realtà la missione d' un' altra, accetterebbe una serie
indefinita di tentativi inefficaci. Vinto dal difetto d' a-
nalogia tra i mezzi e l' intento ei potrebbe conquistare
il martirio, la vittoria non mai.

E siam giunti a tale. Presentiamo tutti noi, col
core e colla mente, una grande Epoca; e vorremmo
darle a bandiera di fede l' analisi, le negazioni colle
quali fu forza al secolo XVIII circondare la libertà
novellamente conquistata. Noi mormoriamo, ispirati

da Dio, le sublimi parole, rinovamento, progresso, nuova missione, avvenire; e ci ostiniamo nondimeno a cercare nella sfera dei fatti il trionfo del programma contenuto in quelle parole adoprando ciò che fu stromento d' una missione oggi estinta. Noi invochiamo un mondo *sociale*, un vasto ordinamento armonico delle forze che s' agitano confusamente in quella vasta lavoreria che ha nome terra; e a chiamare a vita quel mondo, a gittar le basi d' un ordinamento pacifico, abbiamo ricorso alle vecchie abitudini di ribellione che logorano le nostre forze per entro il cerchio dell' *individuo*. Gridiamo *avvenire* dal seno delle rovine. Prigionieri la cui catena fu moderatamente allungata, noi ci millantiamo liberi ed emancipati, perché ci è dato di movere intorno alla colonna che ci tiene avvinti.

E per questo la fede dorme nel core dei popoli. Per questo né anche il sangue d' una intera nazione può ravvivarla.

Notes

p. 32. Io prevedo l' obbiezione: "la conquista è una illusione; la schiavitú, l' ineguaglianza, durano per ogni dove. La lotta fu appena iniziata dalla Rivoluzione francese. L' *individuo* signoreggia tuttavia su tutte questioni; e mentre voi parlate d' epoca nuova, voti inefficaci s' innalzano da ogni lato perché si compia e si traduca nei fatti la sintesi da voi detta esaurita."

Non deve confondersi la scoperta d' un termine di progresso col suo trionfo nella realtà, l' evoluzione *ideale* del pensiero d'un' epoca colle sue applicazioni materiali, la conquista colle sue conseguenze pratiche. L' applicazione *positiva* d' un dato termine alle parti diverse dell' organismo politico, economico e civile, non può cominciare con successo se non compíto il suo sviluppo morale nell' intelletto. Quello sviluppo costituisce il lavoro d' un' Epoca. E appena è compíto, un Potere, individuo o popolo, ne bandisce i risultati e ne consegna la formola alle nazioni. Allora, un' altra

Epoca ha cominciamento, nella quale, mentre l' intelletto lavora intorno al termine novellamente rivelato, si compie a gradi l' applicazione pratica del termine dell' Epoca spenta o morente. Il pensiero d' un' Epoca non si verifica se non quando il guardo è già intento sul pensiero dell' Epoca nuova. Dove ciò non fosse, il nesso delle Epoche sarebbe interrotto: avrebbe luogo quella che chiamano soluzione di continuità.

Ora io affermo che se da un lato l' applicazione *materiale* dei due termini *libertà*, *eguaglianza* che costituiscono la formola dell' *individuo* non è ottenuta — e non s' otterrà se non dopo che un popolo avrà indicato il nuovo termine come *fine* al lavoro generale — dall' altro il loro sviluppo è *moralmente* compiuto. Affermo che l' *incognita* del medio evo appartiene da oggi in poi al membro che contiene le quantità *cognite* — che l' ipotesi è diventata principio — l' idea, legge ammessa, riconosciuta. È chi neghi la libertà o l' eguaglianza? È chi revochi in dubbio il diritto? Il piú illiberale fra i re parla in nome di quella libertà ch' egli abborre nel suo segreto: ei protegge, a udirlo, la libertà e il diritto dei sudditi contro l' anarchia delle fazioni. La questione, nella sfera dei principii, è decisa: non s' agita che intorno alle applicazioni. Le dispute riguardano non la legge, ma la sua interpretazione.

L' *individuo* non è oggi piú fine ai lavori; riapparirà, sacro anch' esso, quando promulgata la legge *sociale*, dovremo metterne i doveri e i diritti in armonia con essa; ma intanto il culto dell' *individualità* ha dato il luogo a un ignobile *individualismo*, a un egoismo, a una immoralità senza nome.

p. 34. L' associazione, dicono taluni, non è un principio nuovo: essa non può quindi, come intento prefisso agli sforzi di tutti, costituire una nuova sintesi o indurne la necessità. L' associazione non è se non un metodo, un mezzo per tradurre in realtà la libertà e l' eguaglianza. Essa appartiene alla vecchia sintesi e non vediamo alcuna necessità d' una nuova.

L' associazione, nel significato piú generale, non è, io lo concedo, se non il *metodo del progresso*, la via per la quale è gradatamente compíto. A ogni passo innanzi corrisponde un nuovo grado di forza e d' estensione nell' associazione. E in questo senso, la tendenza all' associazione cominciò col progresso, iniziato, per riguardo a noi, fin dai primi giorni del nostro pianeta. Essa esercitò la propria azione in tutte le sintesi estinte e a piú forte ragione in quella ch' oggi ancora si vorrebbe dominatrice.

Tuttavia, se l' associazione esercitò in ogni tempo influenza su noi, la esercitò a nostra insaputa. Gli uomini soggiacquero ad essa senza averne coscienza. Cosí avvenne del progresso, della gravitazione, di tutte le grandi verità fisiche o morali. Oprarono prima di rivelarsi.

Ma non esiste fra una legge ignorata e una legge promulgata, riconosciuta, accettata, diversità sufficiente a mutare il punto d' onde movono i lavori dell' intelletto? La legge definita genera un *dovere* di attemperarvi le azioni: il compimento della legge diventa *fine* a tutti gli sforzi, e studio d' ogni pensatore il come derivarne il massimo frutto. Gli intelletti non sono piú esposti a traviare e sperdere un tempo prezioso dietro a ricerche l' intento delle quali è raggiunto. Le forze centuplicano, concentrandosi: operano su direzioni determinate. Prima, l' istinto della legge non generava che un *diritto*, e un diritto quasi sempre contrastato.

Le grandi Epoche storiche hanno data, non dall' esistenza d' una legge, d' una verità, d' un principio, ma dalla loro promulgazione. Dove no, sarebbe inutile parlare d' Epoche o di sintesi distinte. La verità è una ed eterna; il *pensiero*, germe del mondo in Dio, la contiene tutta.

L' eguaglianza esisteva, come principio, prima assai di Gesú, e il mondo vi tendeva inconscio. Perché dunque ammettere l' esistenza d' un' Epoca cristiana?

La terra non aspettò per descrivere un' orbita intorno al Sole le rivelazioni di Kopernico e di Galileo o le formole Newtoniane. Perché dunque assegnare due Epoche distinte astronomiche ai sistemi di Tolomeo e di Newton?

E piú presso a noi, non segnarono le teoriche degli economisti inglesi e quelle, troppo rapidamente dimenticate dei Sansimoniani, due periodi radicalmente diversi alle scienze economiche? Il principio d' associazione sostituito a quello della libertà è nondimeno l' unica differenza tra le une e le altre.

Ora, secondo noi, è giunto il tempo perché il principio d' *associazione*, solennemente e universalmente promulgato, diventi punto di mossa agli studi, teorici e pratici, tendenti all' ordinamento progressivo delle società umane e splenda al sommo delle nostre costituzioni, dei nostri codici, delle nostre formole di credenza. E dico inoltre che la promulgazione d' un termine dal quale è segnata una via assolutamente diversa agli studi, basta a *costituire*, a *indicare*, non foss' altro un' Epoca nuova.

E del resto la nostra formola non è *associazione* soltanto: è l' Europa e per suo mezzo l' Umanità associata nell' insieme di tutte le sue facoltà e di tutte le sue forze, sotto le condizioni indispensabili di libertà, d' eguaglianza, di fratellanza, per raggiungere un *fine* comune; scoperta e applicazione progressiva della sua legge di vita.

VII

La fede esige un intento che abbracci tutta quanta la *vita*, ne concentri tutte le manifestazioni, e ne diriga i diversi modi o li sopprima tutti a prò dell'attività d'uno solo: esige una fervida irrevocabile credenza che quell'intento sarà raggiunto; un profondo convincimento d'una missione e dell'obbligo di compirla; poi, la coscienza d'un potere supremo che protegga la via tenuta dai credenti verso l'intento. Son questi elementi indispensabili: e dov'uno manchi, noi possiamo aver setta, scuola, partito politico, non una *fede* né un sagrificio di tutte le ore a prò d'un'alta idea religiosa.

Or noi non abbiamo idea religiosa definita né credenza profonda nell'obbligo sancito da una missione né coscienza d'autorità suprema e proteggitrice. Il nostro apostolato è oggi una opposizione analitica: armi nostre sono gli *interessi*; e una teorica di diritti è il nostro stromento d'azione. Siamo noi tutti, malgrado presentimenti sublimi, figli della ribellione. Noi moviamo, a guisa di rinegati, senza Dio, senza Legge, senza bandiera che accenni al futuro. L'antico *fine* s'è dileguato: il nuovo, intravveduto un istante, è cancellato dalla dottrina dei diritti che sola presiede ai nostri lavori. L'*individuo* è per noi *fine* e *mezzo* ad un tempo. Noi parliamo d'*Umanità*, formola essenzialmente religiosa, ed esiliamo da ogni opera nostra la religione: non guardiamo se non il lato politico delle cose. Parliamo di sintesi e trascuriamo il piú potente e il piú attivo elemento dell' umana esistenza. Audaci abbastanza per non arretrarci davanti al sogno d' una unità europea materiale, rompiamo spensieratamente l' unità morale, sconoscendo le condizioni primordiali d' ogni associazione, uniformità di credenza e di sanzione. Di mezzo a contradizioni siffatte noi pretendiamo rifare un mondo.

Né io esagero. So le eccezioni e le ammiro. Ma il Partito è, nella sua generalità, quale io lo descrivo. I suoi presentimenti, i suoi desideri appartengono all' Epoca nuova: i caratteri del suo ordinamento e i mezzi dei quali intende valersi, all' antica. Il Partito indovina da molto la missione che gli è fidata, ma senza intenderne l' indole o gli stromenti opportuni. È quindi impotente a riuscire, e lo sarà fino al giorno in cui intenderà come il grido *Dio lo vuole* sia il grido eterno d' ogni impresa che ha, come la nostra, il sagrificio per base, i popoli per istromento, l' Umanità per suo fine.

Che! voi lamentate morente o morta la fede; lamentate l' inaridirsi dell' anime sotto l' alito dell' egoismo — e schernite le credenza e proclamate nelle vostre pagine che la religione piú non esiste, che il suo tempo è passato e il futuro religioso dei popoli per sempre conchiuso! Voi meravigliate perché le moltitudini procedano lente sulla via del sagrificio e dell' associazione, e ponete intanto a principio una teorica d' *individuo* che non ha valore se non negativo, che conchiude in un metodo, non d' associazione, ma di giusta-posizione e non è, in ultima analisi, se non l' egoismo ammantato di formole filosofiche! Voi tendete a un' opera rigeneratrice, a migliorare — dacché senza questo ogni ordinamento politico è sterile —

moralmente gli uomini — e v' illudete a riuscirvi esiliando il concetto religioso dal vostro lavoro!

La politica afferra gli uomini ove e quali essi sono: definisce le loro tendenze e v' attempera gli atti. Solo il pensiero religioso è capace di trasformar l' une e gli altri.

Il pensiero religioso è la respirazione dell' Umanità: anima, vita, coscienza e manifestazione ad un tempo. L' Umanità non esiste che nella coscienza della propria origine e nel presentimento de' proprii fati. Essa non si rivela se non concentrando le proprie forze sull' uno o sull' altro fra i punti intermedi tra le due cose. Ora, è questo appunto l' ufficio del concetto religioso. Quel concetto costituisce una credenza d' origine comune per tutti noi; ci pone innanzi come principio un comune futuro: congiunge tutte le facoltà attive in un unico centro dal quale si svolgono continue sulla direzione di quel futuro: dirige a raggiungerlo tutte le forze che giacciono latenti nell' anima umana: afferra la vita in ogni suo aspetto, in ogni sua benché menoma manifestazione: pende auguri sulla culla e sul sepolcro: somministra, parlando filosoficamente, la formola piú alta e piú generale d' una data Epoca di civiltà, l' espressione piú semplice e piú complessiva della sua *conoscenza*, la sintesi che ne governa l' insieme e ne signoreggia dall' alto tutte le evoluzioni successive. Quel concetto è, se guardiamo all' individuo, il segno della relazione esistente fra quello e l' Epoca alla quale appartiene, la rivelazione della sua funzione e della sua norma, la bandiera che lo rende capace di compirla. Quel concetto innalza e purifica l' individuo: dissecca le sorgenti dell' egoismo, mutando centro all' attività e trasportandolo all' infuori: crea per l' uomo quella teorica del *dovere* ch' è madre al sagrificio, che fu ispiratrice di grandi e nobili cose, che sarà tale piú sempre; teorica sublime che ravvicina l' uomo e Dio, toglie in prestito alla natura divina una scintilla d' onnipotenza, varca d' un balzo gli ostacoli, fa del palco del martire scala al trionfo e supera l' angusta imperfetta dottrina dei *diritti* di quanto la legge supera una fra le sue conseguenze*.

Il diritto è fede dell' individuo: il Dovere è fede comune, collettiva. Il diritto non può che ordinare la resistenza, distruggere, non fondare: il Dovere edifica e associa; scende da una legge generale, laddove il primo non scende che da una volontà. Nulla quindi impedisce la lotta contro il diritto: ogni individuo offeso può ribellarglisi contro; e tra i due contendenti solo giudice supremo la forza. Fu questa infatti la risposta che le società fondate sul *diritto* diedero sovente agli oppositori: quelle che avrebbero per base il *dovere* non sarebbero costrette ad avervi ricorso; il dovere, ammesso una volta, esclude la possibilità della lotta, e sottomettendo l' individuo al fine generale, tronca la radice stessa del male contro il quale il diritto ha soltanto rimedi. Inoltre, la dottrina dei diritti non racchiude in sé la necessità del progresso; lo ammette come semplice fatto. L' esercizio dei diritti essendo necessariamente facoltativo, il progresso rimane abbandonato all' arbitrio d' una libertà senza norma e fine. E il diritto uccide il sagrificio e cancella dal mondo il martirio: in ogni teoria di diritti individuali gli interessi soli siedono dominatori, e il martirio diventa assurdo: quali interessi possono vivere oltre la tomba? Pur nondimeno, il martirio è

* See note, p. 45.

sovente il battesimo d' un mondo, l' iniziazione del
progresso. Ogni dottrina che non poggia sul progresso considerato come legge necessaria, è inferiore
al concetto e ai bisogni dell' Epoca. E tuttavia, la
dottrina dei *diritti* regna anch' oggi sovrana tra noi,
su quella parte repubblicana che si dichiara iniziatrice
in Europa: tuttavia — e poco monta che un istinto ci
ponga sulle labbra le parole *dovere, sagrificio, missione*
— la libertà dei repubblicani è una teoria di resistenza:
la loro religione, se pur ne parlano, è una formola di
relazione tra Dio e l' *individuo*: l' ordinamento politico ch' essi invocano e onorano del nome *sociale* è
una serie di difese innalzate a leggi mallevadrici della
libertà per *ciascuno* di poter seguire il *proprio* fine, i
propri interessi, le *proprie* tendenze: la loro defini-
zione della Legge non oltrepassa l' espressione della
volontà generale: la loro formola d' associazione è la
Società dei Diritti: la loro credenza non esce dai limiti
segnati, quasi mezzo secolo addietro, da un uomo che
incarnava in sé la battaglia, in una *Dichiarazione dei
diritti*: le loro teoriche sul Potere sono teoriche di
diffidenza: il loro problema organico, vecchio avanzo
di costituzionalismo rintonacato, si riduce a trovare
un punto intorno al quale oscillino perpetuamente, in
una lotta senza risultati, l' *individuo* e l' *associazione*,
la libertà e la legge comune: il loro popolo è sovente
una casta, la piú numerosa per vero dire e piú utile,
in aperta ribellione contro altre caste, per godere alla
sua volta i diritti compartiti a tutti da Dio: la loro
repubblica è la torbida intollerante democrazia d' Ate-
ne*: il loro grido di guerra è grido di vendetta: il loro
simbolo è Spartaco.

* See note, p. 45.

Or questo è il secolo XVIII, la sua filosofia, la sua
sintesi *umana*, la sua politica materialista, la sua analisi, la sua critica protestante, la sua sovranità dell' *individuo*, la sua negazione d' una vecchia formola religiosa, la sua diffidenza d' ogni autorità, il suo spirito
di lotta e d' emancipazione: la Rivoluzione francese
ricominciata: il passato, piú alcuni presentimenti: la
servitú alle vecchie cose circondata del prestigio della
giovinezza.

Notes

p. 43. Il diritto è, visibilmente, una idea secondaria, una
deduzione dimentica del principio ond' esce, una conseguenza
ingigantita a dottrina assoluta e dotata di vita propria: ogni
diritto esiste in virtú d' una legge, la legge dell' essere, la
legge che definisce la natura del soggetto di cui si tratta.
Dov' è questa legge? Nol so; la sua ricerca è il *fine* del-
l' Epoca attuale; ma la certezza della sua esistenza basta a
far sí che l' idea del *dovere* sottentri a quella del *diritto*.

p. 44. La parola *democrazia*, benché, dotata di precisione
storica, esprima energicamente il segreto della vita d' un
mondo, del mondo antico, è, come tutte le locuzioni politiche dell' antichità, inferiore all' intelletto dell' Epoca futura, che noi, repubblicani, dobbiamo iniziare. L' espressione *governo sociale* sarebbe da preferirsi, come indicatrice
del pensiero d' *associazione* che è la vita dell' epoca. La
parola *democrazia* fu ispirata da un pensiero di ribellione,
santa ma pur ribellione. Ora, ogni pensiero siffatto è evi-
dentemente imperfetto e inferiore all' idea d' Unità che
sarà dogma al futuro. Democrazia suona lotta; è il grido
di Spartaco, l' espressione d' un popolo sul primo levarsi:
governo, istituzione *sociale* rappresenta un popolo che si
costituisce e trionfa. L' *aristocrazia* cancellerà, spegnendosi,
il nome *democrazia*.

VIII

IL passato ci è fatale. La Rivoluzione francese, io lo affermo convinto, ci schiaccia. Essa preme, quasi incubo, il nostro core e gli contende di battere. Abbagliati dallo splendore delle sue lotte gigantesche, affascinati dal suo sguardo di vittoria, noi duriamo anch' oggi prostrati davanti ad essa. Uomini e cose, aspettiamo tutto da' suoi programmi; e tentiamo di ricopiare Robespierre e Saint-Just e chiediamo ai ricordi dei *club* del 1792 o 1793 nomi per le *sezioni* del 1833 o del 1834. Or, mentre noi scimmiottiamo i nostri padri, dimentichiamo che i nostri padri non scimmiottavano alcuno e furono grandi per questo. Le loro ispirazioni scendevano da sorgenti contemporanee, dai bisogni delle moltitudini, dalla natura degli elementi che li accerchiavano. E appunto perché lo stromento ch' essi adopravano era adatto al fine al quale miravano, essi operarono miracoli. Perché non faremmo com' essi fecero? Perché, pur rispettando e studiando la tradizione, non procederemmo oltre? Noi dobbiamo adorare la grandezza dei nostri padri e chiedere alle loro tombe un pegno dell' avvenire, non l' avvenire. L' avvenire è innanzi a noi, e Dio, padre di tutte le rivelazioni e di tutte le epoche, può solo additarcene l' immensa via.

Sorgiamo dunque e facciamo d' essere grandi alla nostra volta. Ci è d' uopo per questo intendere tutta quant' è la nostra missione. Noi stiamo oggi fra due epoche, fra il sepolcro d' un mondo e la culla d' un

altro: tra l'ultimo limite della sintesi *individuale* e
la soglia dell'UMANITÀ. È necessario rompere, col
guardo intento sull'avvenire, rompere quell'avanzo
di catena che ci tiene legati al passato e innoltrare
deliberatamente. Ci emancipammo dagli abusi del
vecchio mondo: importa ora emanciparsi dalle sue
glorie. L'opera del secolo XVIII è compíta. I padri
nostri riposano tranquilli e alteri nelle loro tombe.
Essi dormono, come guerrieri dopo la battaglia, ravvolti nella bandiera: non temete d'offenderli. La
bandiera rossa del sangue di Cristo, trasmessa da
Lutero alla Convenzione perché la piantasse sui cadaveri di venti battaglie di popoli, è sacra conquista
per tutti noi. Nessuno oserà toccarla. Ma innoltriamo,
in nome di Dio. Torneremo piú dopo ad essa per
deporle appiedi, là dove giacciono i nostri padri,
parte degli allori conquistati dalle nostre mani. Oggi,
dobbiamo fondare la politica del XIX secolo; risalire, attraverso la *filosofia*, alla *fede*; definire e ordinare l'*associazione*, proclamare l'UMANITÀ, iniziare
l'Epoca nuova. Dalla sua iniziazione, dipende il compimento materiale dell'antica.

Queste cose non sono nuove forse, io lo so e lo
dico con lietezza d'animo. La mia voce non è se
non una fra le tante che enunziano a un dipresso le
stesse idee e affermano l'*associazione* essere il principio fondamentale che deve oggimai dirigere i lavori
politici. Molti forti intelletti hanno condannato,
ovunque la trovarono sola ed esclusiva, la fredda dottrina dei *diritti*, ultima formola dell'*individuo* che
rovina oggi nel materialismo: molte scuole, estinte o
tuttora attive, invocarono il *dovere* com'àncora di salute a una società tormentata d'inefficaci desideri.

Perché dunque insisto a protestare contro la loro im-
previdenza? Che importa se il termine predicato sia
centro d'un nuovo programma o soltanto sviluppo
dell' antico? Che monta se uomini dalle cui labbra
esce lo stesso grido *innanzi*! s' ostinino a confondere
l' *associazione* colla *fratellanza* o l' UMANITÀ — com-
plesso di tutte le umane facoltà ordinate a uno stesso
fine — colla libertà e l' eguaglianza per tutti gli uomini?
A che creare, colla promulgazione d' un' Epoca nuova,
una nuova impresa e quindi nuove difficoltà?

È dunque la nostra una contesa di parole e non
altro?

Io nol credo.

Importa affermare un' Epoca nuova; importa affermare che quanto si predica oggi da noi sulla terra è
veramente un nuovo programma; e ciò per cagione
che dovrebbe oramai essere universalmente riconosciuta.

Noi vogliamo, non solamente *pensare*, ma *agire*. Vogliamo, non solamente l' emancipazione d' un popolo
e per suo mezzo l' altrui, ma l' emancipazione dei
popoli.

Ora, la coscienza sola emancipa i popoli. Essi non
agiranno se non quando conosceranno un fine novellamente rivelato la cui conquista esiga il lavoro di tutti,
l' eguaglianza di tutti e una iniziativa. Senza conoscenza siffatta, non è speranza di fede, di sagrificio,
d' entusiasmo potente a fare. I popoli, inerti e gia-
centi sotto il peso dell' iniziativa anteriore, lascie-
ranno facilmente l' ufficio d' esaurirla al popolo che
ne assumeva la gloria facendosene mallevadore. Sta-
ranno paghi a seguirlo da lungi e non piú. E se, per
cagioni ad essi ignote, quel popolo sosterà sulla via,

sosteranno essi pure. Avremo silenzio, inazione, sospensione di vita. È spettacolo presentato, mentre io scrivo, da tutta Europa.

L'idea d'un'Epoca nuova, racchiudendo quella d'un nuovo fine da raggiungersi, attribuisce l'iniziativa al futuro e suscita a vita la coscienza universale. Noi sostituiamo con essa la spontaneità all'imitazione, un lavoro di missione propria a un lavoro d'esecutori, l'Europa alla Francia. Noi somministriamo un potente elemento all'attività rivoluzionaria.

Affermando un'Epoca nuova, affermiamo l'esistenza d'una nuova sintesi, concetto generale destinato ad abbracciare tutti i termini delle sintesi anteriori piú uno, e a coordinare, movenda da quel nuovo termine, tutte le serie storiche, tutti i fatti che si schierano in essa, tutte le manifestazioni della vita, tutti gli aspetti del problema umano, tutti i rami dell'umana conoscenza. Comunichiamo un nuovo e fecondo impulso ai lavori dell'intelletto. Enunziamo la necessità d'una nuova enciclopedia che, compendiando tutto il progresso compíto, costituirebbe per sé un nuovo progresso. Poniamo fuori d'ogni controversia e tra le verità conquistate tutti i termini che furono intento alle rivoluzioni del passato, la libertà, l'eguaglianza, la fratellanza degli uomini e dei popoli. Ci separiamo per sempre dall'Epoca esclusivamente *individuale* e a piú forte ragione dall'*individualismo* che è il materialismo di quell'epoca. Chiudiamo le vie al passato.

E finalmente, noi, con quella affermazione, respingiamo ogni dottrina di ecclettismo e di transizione, ogni formula imperfetta e senza via contenente l'esposizione d'un problema senza tentativo per scioglierlo;

4—2

ci separiamo da ogni scuola tendente a congiungere vita e morte e a rinovare il mondo con una sintesi estinta: Poniamo Dio stesso mallevadore del sacro dogma del popolo e della sua sovranità. Porgiamo nel carattere stesso dell' Epoca una nuova base al principio del suffragio universale. Innalziamo la questione politica all' altezza d' un concetto filosofico. Costituiamo un apostolato all' Umanità, rivendicando quel diritto comune delle nazioni che dovrebbe essere il segno della nostra credenza. Diamo consecrazione a quei moti spontanei, súbiti, collettivi dei popoli che devono iniziare e tradurre in atto la nuova sintesi. Poniamo la prima pietra di una Fede Umanitaria, alla quale è necessario che il Partito Repubblicano s' innalzi, se pur vuole vincere. Però che ogni Epoca ha battesimo dalla fede; la nostra ne manca tuttavia, e noi possiamo non foss' altro preparargli le vie e farcene precursori.

IX

Non è dunque la nostra una oziosa contesa di parole. Dalla direzione alla quale il Partito s'appiglierà dipende a mio credere il trionfo o il mal esito della causa per noi sostenuta.

Noi cademmo come partito politico. Dobbiamo risorgere come partito religioso.

L'elemento religioso è universale, immortale: universalizza e collega. Ogni grande rivoluzione ne serba impronta, e lo rivela nella propria origine o nel fine che si propone. Per esso si fonda l'associazione. Iniziatori d'un nuovo mondo, noi dobbiamo fondare l'unità morale, il cattolicismo Umanitario. E moviamo confortati dalla santa promessa di Gesú: cerchiamo il nuovo Evangelio del quale ei ci lasciò, poco prima di morire, la speranza immortale, e del quale l'Evangelio cristiano è il germe, come l'*uomo* è germe dell'UMANITÀ. Sulla via fecondata da cinquanta generazioni di martiri, noi salutiamo con Lessing quell'immenso avvenire, la cui leva avrà a punto d'appoggio la Patria, per fine l'Umanità, quando i popoli stringeranno un Patto comune e definiranno fratelli la missione di ciascuno nel futuro, l'ufficio che spetta a ciascuno nell'associazione generale governata da una legge per tutti, da un Dio per tutti. Spetta a noi d'affrettare il momento in cui la campana a stormo dei popoli, la Rivoluzione, convocherà una Convenzione che sia un vero Concilio generale. La guerra nostra dev'esser quindi una santa crociata.

Splenda Dio sulla nostra bandiera come sui nostri fati. Superiore a tutte rovine del vecchio mondo s'innalzi un terreno sul quale i popoli possano ardere l'incenso della riconciliazione. E possa almeno ciascun di noi sapere che cosa rispondere a chi volesse chiederci: *d'onde movete? in nome di chi predicate?*

Ho udito sovente interrogazione siffatta. S'affermava piú volte intorno al nostro nucleo d'apostolato che mancava agli uomini della repubblica una origine filosofica, un principio incontrastabile, sorgente della loro credenza. Gli accusatori erano, giova notarlo, uomini che credono d'avere una filosofia perché alcuni tra i loro seguaci hanno raccolto una collezione di filosofie — una religione, perché hanno preti — una dottrina politica, perché hanno birri e mitraglia. Pur nondimeno, l'accusa era raccolta da uomini di buona fede che notavano, costretti, nelle nostre file un difetto visibile d'unità, di sintesi d'armonia, un vuoto di credenze religiose da non potersi facilmente conciliare col *fine* sociale ed essenzialmente religioso dichiarato a ogni tanto dai repubblicani.

Or noi possiamo rispondere:

Veniamo in nome di Dio e dell' Umanità.

Noi crediamo in un Dio solo, autore di quanto esiste, Pensiero vivente, assoluto, del quale il nostro mondo è raggio e l'Universo una incarnazione.

Crediamo in un'unica Legge generale, immutabile, che costituisce il nostro modo d'esistere, abbraccia ogni serie di fenomeni possibili, esercita continua un'azione sull'universo e su quanto vi si comprende, cosí nel suo aspetto fisico come nel morale.

Ogni *legge* esigendo un *fine* da raggiungersi, crediamo nello sviluppo progressivo, in ogni cosa esistente, delle facoltà e delle forze, che sono facoltà in moto, verso quel *fine* ignoto, senza il quale la legge sarebbe inutile e l' esistenza inintelligible.

E dacché ogni *legge* ha interpretazione e verificazione nel proprio *soggetto*, noi crediamo nell' UMANITÀ, ente collettivo e continuo, nel quale si compendia l' intera serie ascendente delle creazioni organiche e si manifesta piú che altrove il pensiero di Dio sulla terra, siccome unico interprete della Legge.

Crediamo che l' armonia tra il *soggetto* e la *legge* essendo condizione d' ogni esistenza normale, fine noto e immediato di tutti gli sforzi è lo stabilimento piú sempre compiuto e sicuro di quell' armonia, mercé la scoperta della *legge* e l' immedesimarsi del *soggetto* in essa.

Crediamo nell' ASSOCIAZIONE, che non è se non la credenza *attiva* in un solo Dio, in una sola Legge e in un solo Fine, come nel solo mezzo posseduto da noi per tradurre il Vero in *realtà*, come in metodo del Progresso, come nella sola via esistente di perfezionamento, cosí che al piú alto grado possibile di progresso umano debba corrispondere la piú vasta formola possibile d' associazione, conquistata e applicata.

Crediamo quindi nella SANTA ALLEANZA DEI POPOLI, come quella ch' è la piú vasta formola d' associazione possibile nell' Epoca nostra — nella *libertà* e nell' *eguaglianza* dei popoli, senza le quali non ha vita associazione vera — nella *nazionalità*, ch' è la coscienza dei popoli e che assegnando ad essi la loro parte di lavoro nell' associazione, il loro ufficio nell' UMANITÀ, costituisce la loro missione sulla terra, cioè la loro *individualità*, senza la quale non è possibile libertà né eguaglianza — nella santa *Patria*, culla della nazionalità, altare e lavoreria per gli individui che compongono ciascun popolo.

E dacché la LEGGE è una, dacch' essa regola egualmente i due aspetti, interno ed estorno, della *vita* d'ogni ente, i due modi, proprio e di relazione, subbiettivo e obbiettivo, che spettano ad ogni esistenza, noi crediamo per ciascun popolo e per gli individui che lo compongono le stesse cose che noi crediamo per l'UMANITÀ e pei popoli che la compongono. Come noi crediamo nell'associazione dei popoli, crediamo nell'associazione tra gli individui che compongono ogni nazione e nel suo essere mezzo unico del loro progresso, principio destinato a predominare su tutte le loro istituzioni e pegno di concordia nelle opere. Come noi crediamo nella libertà e nell'eguaglianza dei popoli, cosí crediamo nella libertà e nell'eguaglianza fra gli uomini di ciascuna Patria e crediamo nell'inviolabilità dell'*io* ch'è la coscienza degli individui e assegna loro una parte di lavoro nell'associazione secondaria, un ufficio nella Nazione, una missione speciale di cittadino nella sfera della Patria. E come noi crediamo nell'UMANITÀ, sola interprete della Legge di Dio, cosí crediamo, per ogni Stato, nel POPOLO, solo padrone, solo sovrano, solo interprete della Legge dell'Umanità regolatrice delle missioni Nazionali: nel Popolo uno e indivisibile, che non conosce caste o privilegi se non quelli del Genio e della Virtú, né proletariato né aristocrazia di terre o finanza, ma solamente facoltà e forze attive consecrate per utile di tutti all'amministrazione del fondo comune ch'è il globo terrestre: — nel popolo libero e indipendente, con ordini che pongano in armonia le facoltà individuali e il pensiero sociale, vivente del proprio lavoro e de' suoi frutti, concorde nel procacciare la più grande utilità possibile comune e nondimeno nel rispetto ai diritti dell' *io*: — nel popolo affratellato in una sola fede, in una sola tradizione, in un solo pensiero d' amore, e avviato al compimento successivo della propria missione: — al popolo progressivo, sacro a un apostolato di *doveri*, non dimentico mai d' una verità conquistata, ma né tendente a diventare inerte per quella conquista, riverente alla parola delle generazioni, ma deliberato di giovarsi del presente come di ponte gittato fra il passato e il futuro, adoratore della rivelazione e non dei rivelatori, capace d' accostarsi gradatamente alla risoluzione del problema de' suoi fati qui sulla terra.

Dio e la sua Legge, l' UMANITÀ e il suo lavoro d' interpretazione, progresso, associazione, libertà, eguaglianza, e il dogma del POPOLO, principio vitale del partito repubblicano, tutto si collega sul terreno della nostra credenza*. Nessuna conquista del passato è respinta. Innanzi a noi si svolve un futuro nel quale si stringeranno in armonia i due eterni elementi d' ogni ordinamento, individuo e Umanità, libertà e associazione; nel quale una sola sintesi, vera formola religiosa, abbraccerà, senza sopprimerne alcuna a profitto d' un' altra, tutte le rivelazioni del progresso, tutte le sante idee che ci furono, per disegno provvidenziale, successivamente trasmesse.

Quando, davanti alla giovine Europa che sorge, tutti gli altari del vecchio mondo saranno caduti, due altari s' innalzeranno su questo suolo fecondato dal Verbo divino:

* See note, p. 60.

E il dito del popolo iniziatore scriverà sull' uno:
Patria, e sull' altro *Umanità*.

Come figli d' una stessa madre, come fratelli che si
stringono insieme, i popoli si raccoglieranno tutti intorno a quei due altari e sagrificheranno nella pace e
nell' amore.

E l' incenso del sagrificio salirà fino al cielo su due
colonne che si ravvicineranno l' una all' altra salendo
finché si confondano in un solo punto, che è Dio.

E qualunque volta, nel salire, divergeranno, il fra-
tricidio sarà sulla terra; e le madri piangeranno sulla
terra e gli angioli in cielo*.

Or ponete che queste cose si ripetessero in Europa,
non come espressione individuale, ma come espressione, Verbo, coscienza del partito repubblicano,
dell' intero partito progressivo — ponete che il principio religioso tornasse a splendere sulla nostra via e a
unificare i nostri lavori — ponete che Dio e l' Umanità si congiungessero nel nostro simbolo popolare
come l' oggetto e l' immagine, il pensiero e la forma
— credete che la nostra parola non susciterebbe moltitudini tormentate che pregano, aspettano e sperano,
perché il grido della crociata, il grido religioso non
suona all' orecchio loro? Credete che, tra la nostra
Santa Alleanza e il *patto maledetto*, tra gli apostoli
del libero moto progressivo e gli inerti sofisti della
vecchia Europa, esse non intenderebbero da qual
parte si stanno Dio, il suo amore e il suo Vero? Or
dov' è Dio, è pure il popolo. La filosofia del popolo
è la sua fede.

E quando la fede sarà non solamente sulle vostre
labbra ma nel vostro cuore — quando le opere vostre

* See note, p. 62.

corrisponderanno alle parole e la virtú santificherà la vostra vita come la libertà santifica il vostro intelletto — quando uniti, fratelli, credenti in una sola bandiera voi apparirete agli uomini come chi cerca il bene ed essi potranno dire a se stessi di voi: *sono una fede vivente* — credete che le vostre richieste ai popoli non otterrebbero prontamente risposta? Credete che la palma d' iniziativa europea cercata da tutti e che deve giovare a tutti, non sarebbe còlta e rapidamente?

I grandi pensieri creano i grandi popoli. Sia la nostra vita il riassunto d' un solo e grande pensiero organico. Ampliate l' orizzonte dei popoli. Liberate la loro coscienza del materialismo che la opprime. Additate ad essi una vasta missione. Ribattezzateli. Gli interessi materiali offesi non generano che sommosse: i principii operano soli le rivoluzioni. Risalite ai principii, e sarete seguiti dai popoli. La questione che agita il mondo è una questione religiosa. L' analisi e l' anarchia delle credenze hanno spento la fede nel core dei popoli. La sintesi e l' unità di credenza la ravviveranno.

Allora — ma allora soltanto — rivivrà quella attiva energia che cresce tra gli ostacoli e che oggi infiacchisce davanti alla menoma delusione. Allora cesserà quello stato di dissociazione e di diffidenza che ci affatica, che moltiplica le sette e inceppa l' associazione, che fa centro d' ogni individuo, che crea per ogni dove campi e in nessun luogo un esercito, che pone da un lato i poeti, altrove gli uomini di prosa e di calcolo, e piú lungi gli uomini d' azione, e piú lungi ancora gli alti intelletti speculativi. Allora spariranno di mezzo a noi gli uomini che ci disonorano, la gente impura ed equivoca che insinuano, col dissenso tra il linguaggio e le azioni, il dubbio intorno al nostro simbolo nelle menti, che ciarla di virtú, di sagrificio, di carità, col vizio nel cuore, colla vergogna sulla fronte, coll' egoismo nell' anima, che inchioda la sua immoralità sulla nostra bandiera per poi celarsi nei giorni della battaglia e ricomparire, trascorso ogni rischio, a raccogliere le spoglie dei vinti e contaminare, isterilendola, la vittoria. Allora cadranno ad uno ad uno i pregiudizi e l' influenza di quei fiacchi senza nome che biasimano il nostro grido d' azione soltanto perché manca ad essi il coraggio, che mendicano a un' ambasciata una speranza per la loro terra, che trascinano la santità della proscrizione nel fango ministeriale, che sognano la salute delle nazioni aggirarsi tra i maneggi dei diplomatici, che scimmiottano nelle loro cospirazioni le abitudini e le vecchie astuzie delle polizie, scherniscono l' entusiasmo, negano la potenza dell' ispirazione e del sagrificio, chiamano imprudenza il martirio e pretendono rigenerare i popoli colle cifre. Allora, svaniranno le numerose contradizioni che fanno il Partito inferiore alla sua missione: il nome *straniero* errante quasi rimprovero sulle labbra dei patrioti, bestemmia avventata alla croce di Cristo da uomini che si dicono nostri fratelli e repubblicani — la colpevole esitazione che toglie a molti fra i nostri la forza per confessare pubblicamente la loro credenza, che li spaventa d' ogni accusa uscente dal campo nemico e comunica ad essi, apostoli della verità, le apparenze dell' errore o della colpa — il fascino dei vecchi nomi che sostituendosi ai principii ha perduto non so quante rivoluzioni e sagrificato le giovani idee alle tradizioni meschine degli uomini del passato — lo spirito illogico, incon-

seguente che rinega l' unità umana, grida libertà illimitata per gli uni e intolleranza assoluta per gli altri,
predica l' emancipazione politica e nega l' emancipazione letteraria, scote l' edifizio sociale dalle fonda-
menta e petrifica la religione: — poi la polemica irosa
che si pasce d' odio, s' irrita d' ogni ricordo, s' afferra
agli uomini trascurando le cose, assume principii per
tradirli nelle applicazioni, rivela a ogni tratto il
nazionalismo e la gelosia e spende il proprio vigore
in piccole zuffe senza importanza — e finalmente, la
leggerezza, l' incostanza nelle opinioni, l' obblío dei
martiri che sono i nostri santi, dei grandi uomini che
sono i nostri sacerdoti, delle grandi azioni che sono
la nostra preghiera. La *fede*, che è intelletto, volontà
e amore, cancellerà tutti quei vizi e porrà fine alle
disarmonie d' una società senza chiesa e senza capi,
che invoca un nuovo mondo, ma dimenticando di
chiederne a Dio il segreto.

E allora, fecondata dal soffio di Dio e delle sante
credenze, rifiorirà pure la poesia, esiliata oggi da un
mondo in preda all' anarchia, la poesia ch' è il fiore
degli angeli, nudrito di sangue di martiri e pianto di
madri, che cresce sovente fra le rovine ma s' inco-
lora sempre dei raggi d' un Sole nascente. Favella
profetica dell' Umanità, europea nella sostanza e nazionale nelle forme, essa insegnerà la Patria delle
patrie alle nazioni tuttora divise: tradurrà nell' Arte
la sintesi religiosa sociale: circonderà della sua luce
piú bella la *donna*, angiolo caduto ma pur sempre piú
vicino al cielo che noi non siamo: affretterà la sua
redenzione, tornandola alla missone d' ispirazione, di
pietà e di preghiera che il Cristianesimo simboleg-
giava divinamente in Maria. Essa canterà le gioie del

martirio, l' immortalità dei vinti, il pianto che espia, i patimenti che purificano, i ricordi e le speranze, le tradizioni d' un mondo intrecciate intorno alla culla d' un altro. Essa mormorerà parole santamente consolatrici a quei figli del dolore nati anzi tempo, a quelle anime fatali e potenti che, come Byron, non hanno confidenti sulla terra e alle quali il mondo d' oggi tenta rapire anche Dio. E insegnerà ai giovani ciò ch' è più grande nel sagrificio, la costanza, il silenzio, il sentirsi soli e non disperare, una esistenza di tormenti fraintesi, ignoti, lunghi anni di delusioni, d' amarezze, di profonde ferite, e non un lamento; una credenza di cose future, un lavoro di tutte l' ore a pro' di quella credenza, e senza speranza di contemplarne il trionfo in vita.

Sono illusioni codeste? Presumo io troppo, chiedendo alla fede prodigii siffatti in un secolo guasto tuttavia di scetticismo, tra uomini servi dell' *io*, che amano poco, dimenticano rapidamente, hanno lo sconforto nell' anima e non guardano attenti se non ai calcoli dell' egoismo e a sensazioni d' un' ora?

No; io non presumo troppo. È necessario che questo avvenga, e avverrà. Ho fede in Dio, nella potenza della verità e nella ragione storica dei tempi. Sento nel profondo del core che noi non possiamo sostar lungamente. Il principio ch' era l' anima del vecchio mondo è esaurito. Spetta a noi schiudere la via al nuovo principio, e s' anche dovessimo perire nel tentativo, la schiuderemo.

Notes

p. 55. La nostra non è una esposizione di dottrina, ma una serie di basi di credenza, disgiunte e puramente affermate, contenenti nondimeno quanto basta ad accennare qual sia il nostro concetto filosofico e religioso. Le nostre credenze politiche non sono che conseguenze piú o meno dirette, piú o meno evidenti. È facile intendere come il semplice fatto dell' affermazione d' una nuova Epoca e d' una nuova sintesi ci separino da quanti credono non essere se non continuatori e ammettono una *iniziativa* fidata a un solo popolo depositario della piú alta formola di progresso conquistata finora. Il principio che una sintesi deve racchiudere tutti i termini della sintesi anteriore piú uno, è la negazione formale d' ogni teorica che *distrugge* e non *armonizza*; d' ogni scuola politica che non somma se non a sostituire una classe a un' altra, un elemento sociale a un altro; d' ogni sistema esclusivo che, come quello di Babeuf cancelli la libertà a prò d' una chimerica menzognera eguaglianza, elimini il piú splendido fatto morale, quello dell' *io*, e renda ogni progresso impossibile — o, come la scuola *americana*, ponga a centro l' *individuo*, non risolva ogni problema politico fuorché nel senso della libertà, soffochi il principio d' associazione sotto l' onnipotenza dell' *io*, condanni il progresso alle irregolarità d' un moto a balzi e ribelle a ogni calcolo, impianti la diffidenza nell' ordinamento civile, smembri l' unità sociale in un dualismo indipendente di potestà temporale e spirituale e introduca nelle menti, attraverso le dottrine della legge *atea*, della sovranità dei diritti e degli interessi, il materialismo, l' individualismo, l' egoismo, o la contradizione. Il nostro concetto dell' Umanità come solo interprete della Legge di Dio ci allontana da ogni Scuola che tronchi in due epoche distinte il progresso, o lo racchiuda quasi a forza in una sola sintesi o religione determinata, o imprigioni la tradizione dell' Umanità nella teorica dell' unico rivelatore, o rompa la continuità del lavoro con un intervento superiore periodico, con una serie di rinovamenti integrali e assolutamente indipendenti l' uno dall' altro, con una progressione di *formole* sociali rivelate tutte e disgiunte da un abisso intermedio. Dal nostro principio del Popolo, che non è se non l' applicazione del dogma dell' Umanità a ogni nazione, scende direttamente e senza bisogno d' altro sostegno, il *suffragio universale*, manifestazione del popolo, scende l' esclusione d' ogni autorità non delegata esercitata da una casta o da un uomo. Dal principio dell' associazione

considerata come unico metodo del progresso scende la
libertà illimitata per tutte le associazioni secondarie e speciali
formate a un intento che non contradica alla legge morale.
Dal principio d' unità morale, senza la quale non sono
possibili le associazioni, scende il dovere d' una *educazione*
generale elementare che esponga il programma dell' associazione a quei che devono farne parte. E dal principio che
dichiara sacro e inviolabile l' individuo scendono non solamente la libertà illimitata della stampa, l' abolizione della
pena di morte, l' abolizione d' ogni altra pena che invece di
sviluppare, migliorare e perfezionare l' individuo tenta a
sopprimerlo o limitarlo, ma anche tutta una teorica del lavoro considerato come manifestazione dell' individuo e rap-
presentazione del suo *valore*.

p. 56. *Fede* della *Giovine Europa*: inedita.

X

I TEMPI erano ravvolti di tenebra. Il cielo era vuoto. I popoli erravano stranamente agitati o rimanevano immobili, istupiditi. Nazioni intere sparivano: altre levavano il capo quasi a vederle morire. S'udiva nel mondo un sordo romore come di dissolvimento. Tutto, cielo e terra, tremava. L'uomo appariva deforme. Collocato fra due Infiniti, non avea coscienza dell'uno né dell'altro: né dei giorni passati né dei futuri. Ogni credenza era morta: morta la credenza negli Dei, morta la credenza nella repubblica. Non v'era società; ma un Potere che annegava nel sangue o si consumava nel vizio e nelle turpitudini: un senato, misera parodía della maestà del passato, che votava oro e statue al tiranno: pretoriani che sprezzavano l'uno e uccidevano l'altro: denunziatori, sofisti e una moltitudine schiava plaudente. Non viveva piú virtú di principii, ma soltanto un calcolo d'interessi contendenti fra loro. La Patria era spenta. La solenne voce di Bruto aveva gridato al mondo sulla sua tomba che la Virtú era un nome, non altro. E i buoni s'allontanavano da quel mondo per non contaminarvi l'anima e l'intelletto. Nerva s'asteneva da ogni alimento. Trasea libava col proprio sangue a Giove Liberatore. L'anima s'era dileguata: regnavano i sensi. Il popolo chiedeva pane e giochi nel Circo. La filosofia era fatta scetticismo, epicureismo o arguzia e parole. La poesia era satira. Di tempo in tempo, l'uomo s'atterriva della propria solitudine e s'arretrava dal deserto. Allora s'udivano, la notte, voci di paura su per le vie. Allora i cittadini, quasi frenetici, abbracciavano le nude fredde statue degli Dei venerati un tempo, imploravano da esse una scintilla di vita morale, un raggio di fede, qualche illusione, e partivano inesauditi colla disperazione nel core, colla bestemmia sul labbro. Tali erano quei tempi che somigliano ai nostri.

E nondimeno, non era quella l'agonia del mondo: era la fine d'una evoluzione del mondo, giunta all'ultima fase. Una grande epoca era consunta e si dileguava per lasciar libero il varco a un'altra, della quale s'udivano le prime voci nel settentrione e che non aspettava se non l'*iniziatore* per farsi visibile. Ei giunse. Era l'anima piú piena d'amore, piú santamente virtuosa, piú ispirata da Dio e dall'Avvenire, che gli uomini abbiano salutata su questa terra: Gesú. Ei s'incurvò verso il mondo incadaverito e gli mormorò una parola di fede. Su quel fango che non serbava piú d'uomo se non l'aspetto ed i moti, ei proferí alcune parole ignote fino a quel giorno: *amore, sagrificio, origine celeste*. E il cadavere si levò. E una nuova vita si diffuse per entro a quel fango che la Filosofia avea tentato invano di rianimare. Da quel fango escí il mondo Cristiano, mondo di libertà e d'eguaglianza: escí l'*Uomo*, immagine e precursore di Dio. Gesú moriva. Ei non aveva, come disse Lamennais, chiesto agli uomini per salvarli se non una croce e la morte su quella. Ma prima di morire egli annunziava al popolo la *buona novella*; a quei che gli chiedevano d'ond'ei l'avesse, egli rispondeva: da Dio padre; e dall'alto della croce ei lo invocava due volte. Però, dall'alto di quella croce, incominciava per lui la vittoria; e tuttavia dura.

Abbiate dunque fede, o voi che patite per la nobile causa, apostoli d'una Verità ignorata anche oggi dal mondo, soldati delle sante battaglie che il mondo condanna col nome di ribellioni. Domani forse, quel mondo, oggi incredulo o indifferente, si prostrerà nell'entusiasmo davanti a voi. Domani la vittoria incoronerà la vostra bandiera di crociati. Innoltrate nella fede e non paventate. Quello che Cristo fece, l'Umanità può farlo. Credete e vincerete. Credete e i popoli finiranno per seguirvi. Credete e operate. L'Azione è Verbo di Dio: il pensiero inerte non n'è che l'ombra. Quei che disgiungono il Pensiero e l'Azione, smembrano Dio e negano l'eterna Unità. Respingeteli dalle vostre file; però che coloro che non sono presti a testimoniare della loro fede col sangue non sono credenti.

Dall'alto della vostra croce di sventura e persecuzione, annunziate intera la credenza dell'Epoca; e pochi giorni basteranno perch'essa riceva la consecrazione della fede. Suoni sul vostro labbro, non il grido dell'odio o la cupa formola del cospiratore, ma la tranquilla solenne parola dei dí che verranno. Dall'alto della nostra croce di miseria e di proscrizione, noi, uomini dell'esilio, rappresentanti col cuore e colla fede le famiglie schiave, i milioni d'uomini costretti a tacersi, risponderemo alla vostra parola, e diremo ai nostri fratelli: l'*alleanza è stretta.* Cacciate ai vostri persecutori la formola: DIO E L'UMANITÀ. Essi potranno per poco rizzarsi a ribellione contr'essa e balbettare il sacrilego oltraggio. Ma le moltitudini l'adoreranno.

Un giorno, nel XVI secolo, in Italia, in Roma, uomini che si nomavano *inquisitori,* e pretendevano avere da Dio scienza e autorità, stavano raccolti per decretare l' immobilità della Terra. Innanzi ad essi stava un prigioniero. Il Genio splendeva sulla sua fronte. Egli avea precorso agli uomini e ai tempi e rivelato il segreto d' un mondo.

Era Galileo.

Ei crollava la calva venerabile testa. L' anima del sublime canuto sorgeva ribelle contro l' assurda violenza degli uomini che volevano costringerlo a rinegare la verità insegnatagli da Dio. Ma la lunga sciagura aveva domato in lui l' antica energia. Impaurito dalla minaccia di quei monaci, ei volle arrendersi. Alzò la mano per giurare, egli pure, l' immobilità della Terra. Ma nell' alzar quella mano, ei levò gli occhi affaticati verso quel cielo, ch' egli avea corso le lunghe notti a leggervi una linea della legge universale: incontrò un raggio di quel sole che sapeva, egli, immobile nel mezzo delle sfere rotanti. Un rimorso gli scese al core. E un grido gli esci suo malgrado dal profondo dell' anima: EPPUR SI MOVE!

E tre secoli passarono· Inquisitori, inquisizione, tesi assurde imposte dalla forza, tutto è sparito. Rimasto è il moto della Terra innegabilmente provato, e il grido di Galileo sorvolante sulle umane generazioni.

Leva la fronte al sole di Dio, figlio dell' Umanità, e leggi nel cielo: *si move*.

Fede e Azione. Il futuro è nostro.